先知后行
知行合一
中欧经管
价值典范

CEIBS | 中欧经管图书

绿海商机
——化社会责任为竞争力

蔡舒恒　刘书博　著

复旦大学出版社

致 谢

作为此书的作者,我们感谢中欧国际工商学院为我们的研究和写作提供的研究基金。同时感谢作者蔡舒恒教授在香港中文大学和中欧国际工商学院任教期间所结识的 EMBA 班级、总经理班级和企业专训班级的学生为撰写此书所提供的经验建议和真实材料。

目录

推荐序一　企业发展的平衡思考→1
推荐序二　企业要为利益相关体创造价值→1

前言　一片需要仰望的星空→1

第一章　关于企业社会责任的论战→9
　　论战起因和过程→11
　　论战内容→12
　　评语→29

第二章　信义房屋
　　　　——用梦想打造现实→33
　　因梦想而为企业→35
　　出淤泥而不染→36
　　以人为本的文化和管理理念→38
　　独特的人才培养体系
　　　　——人才培养比资本积累更重要→39
　　高底薪,低奖金→41
　　修齐治平
　　　　——成功是服务客户、提高质量的副产品→43
　　做好自己的蛋糕→45
　　大陆之为大陆→46
　　责任铸造信义的核心竞争力→48
　　总结:儒商创造的"双赢"
　　　　——中国特色的企业社会责任之路→51

第三章 玫琳凯
——让大黄蜂飞得更高→55

制造美丽传奇的产业→57

品牌故事→58

玫琳凯中国→60

自上而下的改革→62

卓越的公司文化→65

基于提升员工素质打造组织能力→73

创造人文、高效的组织环境→75

总结：以人为本的成就→78

第四章 朗诗地产
——中国绿色地产先锋→83

绿色的开端→85

中国住宅的能耗情况→87

首战告捷→88

宏观环境分析→91

朗诗的差异化战略和企业社会责任→96

中国的房地产市场的新变化和对朗诗的影响→98

"深绿"战略→102

总结：用绿色竞争力开拓一片蓝海→104

第五章 红湾半岛
——触碰了谁的利益？→107

红湾风云→109

天王斗法→110

难兄难弟？→111

重要的抉择→112

雾锁红湾→116

艰难的解释→119

强拆之令→120

地产大佬的妥协→120

庶民的胜利→121

红湾半岛事件引发的思考→122

总结：企业与利益相关方相处的和谐之道→131

第六章　香港迪士尼
　　　　——米老鼠的尴尬遭遇→137

迪士尼的全球野心→139

香港的吸引力→140

潜在的危机→144

改变，期待转机→148

总结：不再简单的企业社会责任→150

第七章　通用电气公司
　　　　——跨国巨头的绿金之路→157

历史上的通用电气→159

环保危机→160

绿色改革→163

进入中国市场：沉重的联姻→165

总结：绿色创造价值，责任带来利润→167

结语　未来之路→173

政府角色→176

从现状寻找解决方案：看长远，做"好"企业→177

把握绿海商机，建立基业长青→179

推荐序一　企业发展的平衡思考

企业是现代人类社会发展中最强劲的推动力。自工业革命以来,企业作为社会的一个成员,通过一定成本向社会获取所需的资源,以及通过企业内部的生产过程和创造活动,为社会提供大大超过社会平均生产力水平的价值,从而为社会发展提供源源不断的推动力,同时也为企业持有人提供相应的经济回报,为企业的继续发展提供物质基础。随着科学技术的发展和人类社会结构(特别是经济和贸易结构)的改变,更多的企业已可从全球范围来获取和协调资源,不断提高其经济效益,从而为整个人类社会发展提供更多的价值。

人类的持续发展,既要满足我们当代人的需求,又不能损害后代人满足其需求的能力。人类的持续发展包含经济、生态和社会三个基本方面,每一个方面都离不开人类社会各个成员的相互合作与协调。在过去的很长时间中,很多人(包括部分企业家和经济学家)仅仅从经济方面来考虑企业的发展和作用,没有从人类生态和社会方面来考虑企业的发展和作用。当前,一种比较流行的观点就是:既然企业是一个经济组织,它就应对自己的股东负责,就应以追求经济利益为目标。在这种比较狭隘的观点指导下,出现了企业无限制地追求经济利益增长、无节制地开拓获取,甚至浪费资源和能源的现象,引导了社会追求物欲和追求高消费、高浪费的生活方式,带来了大气污染、环境恶化、生态平衡破坏、公害蔓延等一系列问题,严重地威胁人类自身的持续生存。

为了保证人类自身的生存环境,全世界范围的各国政府都对企业在经济领域里的活动制定了一系列法律、法规和各种制度，以限制企业不考虑生态和社会因素的无限制发展。但是，法律的制定和完善需要一个过程，而法律的执行和监督则需要一个更长的过程才能渐尽人意。其实，现阶段企业的发展和生态、社会的变化，已经给了我们一个非常明确的信号，即法律的制定和执行总是滞后于社会的需求，因此，法律不可能从根本上协调和保证经济、生态、社会这三个方面的均衡发展，也不可能保证我们的后代满足他们需求的能力。

面对这样的情况，有远见的企业家和领导人提出了企业的社会责任这个题目。企业只有主动积极地承担起自己的社会责任，主动积极地协调平衡经济、生态和社会三方面的协同发展，才能在现有的法律框架不完善和无法穷尽的情况下保证整个人类社会的持续发展，从而保证企业自己也拥有一个持续发展的社会平台。

企业是一个掌握着大量资源的社会群体，企业一旦能承担起其承诺的社会责任，就能够对社会的均衡发展作出很大的贡献。自1972年在斯德哥尔摩举行的联合国人类环境研讨会对可持续发展达成共识以来，很多学术机构和各种组织都对人类的可持续发展提出了各种建议，对企业的社会责任也提出了各种想法。部分领先的企业已经把社会责任当成企业宗旨的一部分，在各个领域里采取了很多措施，为广大企业树立了榜样。

蔡舒恒和刘书博两位学者通过几年的努力，收集了六个在企业社会责任方面比较典型的案例，以简朴、扎实的语言表述成章。相信本书案例企业中已经做到的事情，将启发更多的中国企业系统性地审视自己的社会责任，平衡地思考企业发展和企业责任，以使企业能够与整个经济、生态和社会共同持续发展。

中欧国际工商学院中方副院长　张维炯

推荐序二　企业要为利益相关体创造价值

当我拿到新鲜出炉的书稿时,立刻就被这本书的书名《绿海商机》吸引。

中欧国际工商学院蔡舒恒教授和刘书博先生通过《绿海商机》一书深度阐述了企业社会责任的概念。他们认为企业既是一个经济组织,以追求经济利益为自己的目标,同时也是一个社会组织,应当履行自己的社会责任。因此,企业除了要为股东赚取合理利润之外,还必须承担社会责任,保护和增加社会财富,成为社会良心的维护者和社会问题的解决者。

此书的这个想法恰恰与我本人以及玫琳凯·艾施女士所信奉和推崇的理念是一致的。多年前,玫琳凯在创办她的梦想公司时就提出"P"和"L"不仅代表着利润与损失,更代表着人和爱。每一家企业在发展初期的目标都是为了生存而需要营利,而当玫琳凯在中国扎根时,我们更多的是考虑如何让玫琳凯持续发展、怎么担负起社会责任和为利益相关体创造更大的价值。对很多企业而言,产品是其竞争最基本的门槛。但我始终相信一家企业要在行业里竞争,所提供的价值必须超越产品本身。在玫琳凯,我们将员工和销售队伍视作公司的目标之一,对每一位玫琳凯人都有着四个不变的承诺——幸福生活的缔造、独特文化的体验、全面成长的摇篮和社会价值的体现。同时,我们坚信企业是汲取社会资源来发展的,除了员工和销售队伍，与我们有利益相关的还有投资人、顾客、社会和环境。企业的经营活动本质上都是从利益相关体提取资源，再转化为财富的过程。只有不断地为利益相关体创造价值，企业才能获得可持续的发展。换句话讲，如果不为利益相关体创造价值，那么利益相关体也不会提供资源给企业发展，总有一天这个企业就会不存在了。

企业就像一个平台，它是一个组织，这个组织有一群人，这群人的目的不单单是要赚更多的钱，更重要的目的应该是怎样为自己及相关的人创造价值。

《绿海商机》一书不仅让管理者们看到承担企业社会责任对企业的可持续发展所具有的重要意义和价值；同时通过六则鲜活的案例让企业管理者在执行企业社会责任的过程中，找到灵感、汲取养料，就此意义上说，《绿海商机》实在是一本不可多得的管理类好书。

玫琳凯大中国区总裁

前言　一片需要仰望的星空

自 20 世纪 90 年代初以来,西方国家掀起了一场企业社会责任运动,有关企业社会责任的问题一度引起了国际社会的普遍关注。什么是企业社会责任(corporate social responsibility,简称 CSR)并无公认定义,一般泛指企业的营运方式达到或者超越道德、法律以及公众要求的标准,在进行商业活动时也考虑对各个利益相关者(stakeholder)造成的影响。企业社会责任的概念是基于商业运作必须符合可持续发展(sustainability development)的理念,企业除了考虑自身的利润收益和经营状况外,同时需要关注对社会和自然环境所造成的影响。

在这里提及中国企业的社会责任,一些读者可能会不屑一顾,甚至嗤之以鼻。

他们或许会说,无商不奸,跟自私自利的商人讲社会责任,无非是不切实际地对牛弹琴,资本家的每一个毛孔里都流着肮脏的血液!他们或许会说,中国企业还处在一个"中国特色"的社会环境内,企业盈利和自身发展才是有意义的讨论,企业社会责任这么一个舶来品不适合处在当前时期的中国企业。

也有人说,人都是趋利避害的"经济人",企业作为市场参与者的目的只有一个,那就是赚钱。持有此观点的专家学者古今中外皆有:诺贝尔经济学奖得主弗里德曼(Milton Friedman)四十多年前在纽约《时代》(*Times*)周刊发表的一篇题为《企业的社会责任就是赚取利润》的文章中,就对那些认为企业应具有社会良心,应在解决就业、消除歧视和保护环境方面负起责任的人表现了极大的不耐烦。不少学者秉持弗里德曼观点并认为:企业的责任就是为股东赚钱,就是为股民赚钱。不要把社会责任往自己身上拉,政府也不要把社会责任往他们身上推。

有不少企业家为此观点摇旗呐喊。例如,在不久前举办的亚布力中国企业家论坛上,在论及当下商业道德滑坡时,新东方创始人俞敏洪直言不讳地表达自己的观点:"我不认为商人有道德问题,商人就是商人,商人就是通过做生意推动社会的发展。如果说商业道德有问题,这个问题在商业之外,也在商人之外,这是一个关乎整个中国的社会道德问题,来自体制和结构的问题,对商人的监督机制不建立起来,商人不可能到达完美。"

没错,企业家的首要责任是把自己的企业做好,倘若自己的企业都做不好,亏损不断,就休谈"责任"二字。但这个简单道理,谁都知晓,毋庸赘述,更何须拿来当作逃避责任的借口?美国拍了一部家喻户晓的电影《蜘蛛侠》(Spider-Man),这位超级英雄说过这样一句话:"Great power comes with great responsibility",意思是"责任伴随着能力不断成长"。

这也呼应了另一种不同于"经济人"的对企业的观点:从"社会人"的角度出发,认为企业和人一样,都有能力,也都有责任。企业既是一个经济组织,以追求经济利益为自己的目标,同时也是一个社会组织,应当履行自己的社会责任。因此,企业除了要为股东赚取合理利润之外,还必须承担社会责任,保护和增加社会财富,成为社会良心的维护者和社会问题的解决者。

另外,如果企业的能力是动态的成长过程,那么为什么我们要去限制它的责任呢?"为股东赚钱"、"为股民赚钱"就是一劳永逸地尽到了企业的"责任"么?

有的企业倒是赚了钱,股东股民也赚得盆满钵满,但就是时有偷税逃税之勾当,这样无视国家利益的企业,你可容忍?谁来负责?

有的企业倒是赚了钱,但却是以浪费资源、破坏环境为代价,这样无视长远发展和子孙后代未来的企业,你可容忍?谁来负责?

有的企业倒是赚了钱,却是靠制售假冒伪劣产品发达,这样无视他人利益和市场秩序的企业,你可容忍?谁来负责?

有的企业倒是赚了钱,奉行的却是权钱交易,败坏社会风气,这种为了赚钱无所不用其极的企业,你可容忍?谁来负责?

如今中国食品安全问题频频曝出,"业内人士"纷纷自曝、也纷纷自保:知道毒大米生产流程的工人从不吃自己生产的大米;做包子的不吃自己用腐肉做的包子;做面包的不吃自己用过期面包返炉做的面包;开饭店的到其他饭店吃饭从来都是自己带油;种蔬菜的常会嘱咐朋友说某种蔬菜千万别吃……问题的关键是,我们每个人差不多都有着双重身份,既是生产者,又是消费者,我们不能自给自足,市场分工中,我们用比较优势赚得的钱去交换别人用比较优势生产的物品,这时候就有了互相伤害。

不吃自己生产的毒馒头,可是得吃别人生产的毒大米、毒蔬菜、毒奶粉、毒粉丝。以此推理,如果一个社会商业道德沦丧,没有了底线,处于市场消费网络中的社会人没了道德、坏了良心、纷纷向钱看,那么,最终没有一个人可以逃出这种互相毒害的旋涡。政府为了应对层出不穷的食品安全质量问题,接二连三地出台一系列新政策、新措施,但在道德缺失的中国商业生态链中,农村人继续用着城里人生产的问题家用电器,城里人继续吃着农村人残留着过多农药的蔬菜;城里人给农民生产些假冒伪劣产品,农村人给城里人生产些污染农产品。做黑心馒头的吃着黑心商人做的面包,做黑心面包的吃着黑心商人做的馒头。你用假酒毒我,我用假药害你。

中国人难道始终无法摆脱这种"互害型"社会?义愤填膺的人们可以继续怪乎"制度"。可怜的"制度",谁都能把它拿来当作替罪羊。一个抽象的名词,近些年更成了人人喊打的过街老鼠。一时间骂制度成了标榜进步的流行时尚,制度变为人们的出气筒,但出完气发完牢骚之后,人们继续各自由"社会人"和"消费者"回归"经济人"和"生产者",继续编制着生活在相互编制的"报复性网络"。不同的是,骂了"制度",自己感觉伟岸以及正义了许多。

但是中国商业社会问题的解决,靠不得阿Q的精神和祥林嫂的怨气,某些专家大牛的意见听听便罢。

很多人对亚当·斯密的"利己心"之说都是一知半解。当时的历史背景是重商主义刚刚兴起,人们需要通过交换来改善生活,斯密的意思是出于自利目的的自由交换能够增加福利。值得指出的是,斯密对"人人自私就可以带来一个和谐的社会"并未持坚定的信念,所以后来他又写下《道德情操论》。在这本书中,斯密提出了一种叫"合宜性的同情心"的美德,这种美德取决于我们推己及人的能力。走出"互相伤害"的报复链,建造健康的商业环境,需要阻止和修复整体社会商业道德的溃败,需要良法,需要好制度,更需要好人,需要像英雄一般有能力、敢担当的企业领袖担任起一定的社会责任,并带领公民建立良善的行为和道德规范。

那些只知道批判制度的各个年龄层的真伪"愤青""公知",何不想一想任何制度都不是万能的,真正有效的制度是存在于人心中的对于制度的尊重、共识和执行。这些年很强调制度,我们以为有一个制度就够了,我们也在试图希望完善制度,但市场制度从来就不是完善的,这个世界上也没有一个完善的市场,任何一个国家都没有,美国也没有,所以市场制度不是万能的,不要想把制度渐渐完善了,什么问题都解决了。另外,经济发展要建立在制度与伦理相结合的根基上,即市场伦理与企业社会责任。一个企业就像一个自然人,久而久之形成各自的气质和品格,有了好坏善恶之分,有了受人尊重或令人鄙视的区别,有的是英雄,有的是小人。但企业无论在什么体制或机制之下,都不能用道德换取财富;企业家无论在何种境遇下,都要坚守诚信清廉的价值,都要有悲天悯人的情怀。因为他们处于特殊的地位,更须谨言慎行,知道反省,向社会释放善意,追求阶层和解与社会和谐。

"赢利"是企业的"自然属性",但企业并非存在于真空,企业发展基于社会、取于社会,因此必有其"社会属性"。在以前的僵化体制下,一味强调企业的"社会属性",扼杀了企业的"自然属性",带来了"物质的贫困";今天,我们似乎又走到了事物的另一极端,过分强调企业的"自然属性",而无视其"社会属性",却导致了道德的溃散和精神的匮乏。"利"字当头,就能把我们带到更加美好的世界吗?体制机制完善了,从此就没有作恶、做假的企业了吗?商人作为市场主体,在商业道德构建中能够免责甚至置身事外吗?

当企业和政府都在为"社会责任"究竟应该由谁承担之时,我们这个社会、这个国家和这片土地上的民众,将面临怎样的局面呢?对于今天的中国企业家来说,把自己的企业办好,显然是第一要务。但国家之利益、社会之利益、他人之利益以及子孙后代之利益实不能不挂念心头。企业家的社会责任还是要的,今时之中国,尤有必要!

企业家阶层应该自觉到他们在创造和积累物质财富的同时,也在创造和积累精神财富。一位民营企业家写了本叫《商人道德决定中国未来》的书,认为企业家作为中国特色社会主义事业的建设者不仅要有社会责任,还应有历史担当,企业家体内应该流着道德的血液。这也是企业家和商人的区别。如今,很多成功的商人和企业经营者在经济地位到达一定水平后纷纷希望能够获得社会地位,就像成为西方社会所谓的"贵族"。但是社会地位的获取不是简单可以通过金钱购买得到的。不是有钱、住别墅、会打高尔夫、出入高档会所就叫贵族。英国作家威尔逊认为,贵族应该是虔诚的、道德服从的、绅士的、勇敢而乐于助人的、敢讲真话的,如果面对灾难,是敢于自我牺牲的。也就是说,贵族应该是具有社会地位的企业家之社会道德楷模，是国家的精神支柱。只有钱而没有社会责任的商人只能算土财主。

当然，我们并不愿站在一个高高空空的台子上面讲空话道理、用道德绑架别人，我们写作本书的目的不是讨论理论和概念，而是希望能够透过来自不同企业的真实案例和市场上发生的真实情况来告诉读者，企业的社会责任以及商业道德不是假大而空的提议，而是实实在在地存在于社会里、生长在人心里的期望；是需要公司管理者去了解、去审视、去静下心来反思的话题。一个有责任心的人，会赢得他人的尊敬；一个有责任心的企业，赢得的不仅仅是尊敬，也是企业的活力长存与基业长青。

由此回到这本书的书名——《绿海商机》，这里的"绿"不仅指自然环境的绿色和对环境的保护，也指人心中的一片绿洲，用责任和爱灌溉的绿洲。"机"也隐含两层意思：第一，危机。一个人人都只追求经济利益而不择手段、忘记责任的社会，是充满危机的，也是不可持续发展的，对商业机构如此，对整个社会更是如此。第二，契机。当个人、企业、社会都从责任出发，着眼于长远和大局并播种爱的种子，那么收获的必将是尊敬、健康美好和生生不息。

在伟大的思想家康德的墓碑上，刻有这样一段话："有两种东西，我对它们的思考越是深沉和持久，它们在我心灵中唤起的惊奇和敬畏就会日新月异，不断增长，这就是我头上的星空和心中的道德法则。"哲学家黑格尔也曾说过："一个民族有一些关注天空的人，他们才有希望；一个民族只关心脚下的事，注定没有未来。"

第一章　关于企业社会责任的论战

企业到底应不应该担负起社会责任？这个话题在西方社会已经经历了多次讨论。其中最有名、影响也最为广泛的一次讨论发生在太平洋彼岸的美国。

通过对此论战内容的详细描述和呈现，中国读者将看到来自不同观点的碰撞。本书引用这次论战，不仅仅因为辩论的主题是企业社会责任，更因为这次辩论的一方是大名鼎鼎的诺贝尔经济学奖得主米尔顿·弗里德曼教授①，一位被称为对20世纪影响最大的经济学家，在九十多岁高龄之时拿起笔与比他年龄小一半的约翰·马凯②针锋相对。成功的企业家约翰·马凯先生作为辩论的另一方，在学界泰斗面前也表现得毫无畏惧，独自披挂上阵，据理力争。论辩双方用严密的逻辑、针锋相对的语言，时不时还带着诙谐的挖苦，都十分清楚地表达了各自的观点，让观看论战的读者不禁暗自称好，也给读者带来了更多有关企业社会责任的启发和思考。

下面，他们之间的辩论即将重现，你准备好了吗？

---

① 米尔顿·弗里德曼(Milton Friedman: 1912—2006),1976年取得诺贝尔经济学奖。弗里德曼认为，在社会经济的发展过程中，市场机制的作用是最重要的。市场经济具有达到充分就业的自然趋势，只是因为价格和工资的调整相对缓慢，所以要达到充分就业的状况可能需要经过一定时间。如果政府过多干预经济，就将破坏市场机制的作用，阻碍经济发展，甚至造成或加剧经济的动荡。弗里德曼的理论具有两个重要特点：坚持经济自由，强调货币作用。

② 约翰·马凯(John Mckay)，全麦食品(Whole Food)公司的创始人和CEO，他的公司在股东回报率、营业利润率、单位面积营业额和增长率方面均领先同行。

论战起因和过程

诺贝尔经济学奖得主弗里德曼1970年在纽约《时代》周刊上发表一篇题为《企业的社会责任就是赚取利润》的文章,在这篇文章中,弗里德曼对那些认为企业应具有社会良心,应在解决就业、消除歧视和保护环境方面负起责任的观点予以反驳。他在文中批评,这些人是在宣扬纯粹的社会主义;持有同样观点的企业家们是这些想颠覆市场经济的知识分子们的玩偶。

此后,这篇文章的观点就一直作为美国企业界对这一问题的主流看法。但进入21世纪后,美国社会有越来越多的人质疑企业的社会责任仅仅是赚取利润是不是过于狭隘?这样做会导致公司对利润的过度追求,从而忽视企业的其他责任。于是在2005年,美国《商业伦理》杂志(Journal of Business Ethics)邀请约翰·马凯,这位一直宣称企业应该负有更多责任的成功企业家,就弗里德曼这篇划时代的文章提出了不同观点。

约翰·马凯执笔一篇题为《顾客第一》的文章,批评弗里德曼关于企业唯一的社会责任是赚取利润的观点过于狭窄,以至不能恰当地解释他的企业行为;更重要的是,这一观点过于悲观地低估了资本主义社会中人性的多种需求。

《商业伦理》杂志把马凯这篇文章送给弗里德曼看,没想到这位在2005年已是93岁的经济学泰斗,锐气依然不减当年,面对后生的批评,挥笔迎战,写下这篇可能是他一生中最后的一篇文章——《还慈善事业一个清白》。于是,这场辩论正式拉开序幕。

与此同时,《商业伦理》杂志又把马凯的文章给了柏树半导体公司(Cypress Semiconductor Corporation)的创始人 T·J·罗杰(T. J. Rodgers),一位被美国媒体称为市场经济忠诚信仰者的主要代言人,一个什么话都敢说的"炮筒子"。他毫不犹豫地加入了辩论,提笔写了一篇与约翰·马凯针锋相对的文章——《利润第一》,于是这个半路杀出的程咬金也让这场论战火药味十足。

面对罗杰和经济学泰斗的反击,约翰·马凯并未退缩,反而越战越勇,随即又写了一篇题为《利润是手段,不是目的》的文章。

论战内容[①]

米尔顿·弗里德曼:《企业的社会责任是增加利润》[②]

文章开头,弗里德曼旗帜鲜明地说出自己的想法:"现在某些商人,开始雄辩地谈到商业并非仅仅与利润有关,而且还关系到合他们意的社会结果:比如宣称商业有着'社会良心'、应该认真担负着提供就业、消除歧视、防止污染等方面的责任,还说什么捍卫企业自由。其实都是些赶时髦的口号,本质就是宣扬纯粹的、真正的社会主义!这般讲话的商人们,在过去的几十年里就是一直在破坏着自由社会的根基,他们是没理智、不自觉的玩偶。"

弗里德曼解释说:"我们要区别对待'商业'和人:只有人才能负有责任。公司是一种拟制的人(artificial man),所以在这一意义上可

[①] 通过整理,我们将来自双方的五篇文章的重点内容呈献给读者。
[②] Milton Friedman, "The Social Responsibility of Business is to Increase its Profits", *New York Times*, 1970, September 13, pp. 122–126.

以具有人为的责任,但'商业'作为一个整体是不能说具有责任的。"他认为,在对商业的社会责任学说所进行的检验中,澄清问题的第一个步骤是先搞清楚社会责任是对谁而言的,讨论要先分清讨论对象:在企业社会责任的讨论中,负有责任的人是商人,比如个体业主或公司总经理,而关于社会责任的讨论大部分是以公司为目标的,所以在讨论中,应该略去个体业主,主要讨论公司总经理。在自由企业中,在私有产权制度下,公司总经理是该企业的所有者的雇员。公司总经理是个代理人(agency),其责任就是按照雇主们的意愿来领导企业,而雇主们的意愿通常说来都是在遵守基本的社会准则(既指包含在法律中的社会准则,也指包含在伦理习惯中的社会准则)的同时,尽可能多地赚钱。当然,在某些情况下,他的雇主可能会有另外的目标。一些人可能会出于慈善的目的而建立一个公司,例如一家医院或一所学校。这种情况下,直接看来,公司的管理者不是以赚钱为目的,而是为了提供某种服务。

基于代理理论(agency theory),弗里德曼区分了个人社会责任和商业社会责任的不同:作为总经理,这个管理者是拥有该公司或是建立该慈善机构的那些人的代理人,而且他的主要责任是对这些持有者而言的。当然,公司的总经理就其本身而言,也是一个人。作为一个人,他也可能有许多其他的、为他所承认的或他自愿承担的责任,比如对其良心、家庭、城市、国家等的责任。迫于这些责任,他可能会贡献于他认为值得的事业,他也可能会拒绝为某一公司工作效命,他甚至可能会在国家和民族危难之际放弃工作而投身到保家卫国的军队中去不可。以上提及的这些责任,也可以被称为"社会责任",但是,在这些责任的行为方面,他是作为其本人,而不是作为一个代理人行事的;他是在花费他自己的金钱、时间或力气,而不是他雇主的金钱或者他已经以契约形式确定下来的、要为了他的雇主的目的而贡献的时间或力量,如果这些是"社会责任"的话,那么这是个人的社会责任,而不是商业的社会责任。

说公司的总经理作为一名商人而有着"社会责任"意味着什么呢?弗里德曼断定:它一定意味着,他以这种方式行事已经不再是为了他雇主的利益。他进一步举例说明:尽管价格的提高代表着该公司的最大利益,但为了对防止通货膨胀的社会责任作出贡献,公司总经理将制止产品价格的上涨。或者,总经理也可能为了承担社会责任,将使用于减少污染的支出,大大超过出于该公司的最大利益而应支出的数量,或超过为了促进改善环境的社会目标而为法律所要求的数量。或者,以公司利润为代价,为了响应减少贫困的社会目标,他将雇用那些失业的人或难民,而不去雇用那些素质更好的工人。在这些情况中,公司的总经理为了社会责任的目的或为了普遍的社会利益,而去花费不是他自己的钱,是赤裸裸地花"别人"的钱:如果他的那些为了他的"社会责任"而采取的行动减少了股东们(shareholder)的收益,那么他就是在花股东们的钱。如果他的行动降低了某些雇员的工资,那么他是在花公司雇员的银子为社会做好事。

弗里德曼进一步指出,如果公司总经理用企业社会责任的名义来花别人的钱,那么实际上他是在征税,不仅仅征税,而且决定将如何花费这些税收收入。那么该公司总经理,不论是毛遂自荐的还是直接或间接地为股东们所任命的,就同时变为了立法者、执行者和法官:在履行企业社会责任时他将决定为了什么目的而向谁征多少税,同时他将花掉这些收入。公司总经理所做的这一切只是为了响应那些所谓的抑制通货膨胀、改善环境、消灭贫困等诸如此类的责任性号召。而这个履行"社会责任"的公司总经理,一开始任职的身份只是服务于其委托人(也就是股东)利益的代理人。然而当这个公司总经理为了"社会的"目的而征税并花掉这些税收收入时,这一理由显然就不复存在了。尽管名义上他仍然是私人企业的雇员,但实际上他已经变成了政府公务员。再进一步想,假定他可以花了股东的、消费者的或雇员的钱而不被发觉。但是,他怎么能够知道如何去花这笔钱呢？人们告诉他必须为反通货膨胀作出贡献,但是他又如何才能知道他怎样做才能促成这一结果呢？在管理公司、在生产产品、出售产品或财务管理方面他可能算得上一位专家,但在抑制通货膨胀方面他顶多是个"砖家",他降低其产品价格的做法会减少通货膨胀压力吗？或者,通过使他的消费者手上留有更多的消费能力,他的做法是否仅仅是将通货膨胀的压力转向了别处呢？或者,由于较低的价格使他减少了产量,那么他的做法是不是加重了短缺呢？即使他能够回答这些问题,但是在为了这一社会目的而向其股东、消费者及雇员征税的问题上,他认为正确的费用是多少呢？而他的适当份额是多少呢？别人的适当份额又是多少呢？

从代理人的角度,弗里德曼的一连串发问解构了企业社会责任的意义。读到这里,也许有读者提出异议：为了诸如控制污染或培训失业难民这样的"社会"目的,政府有责任征税并确定支出,这完全正确,但是这些问题太紧迫了啊,总不能坐等缓慢的政治程序吧！由有实力的商业组织来履行这种社会责任,难道不是解决当前这些紧迫问题的一条更为迅速且更为稳妥的途径？

弗里德曼对此疑问也有解答。他认为在一个自由社会里,"好"人要想做成"好"事是很困难的,但这只是为了让"坏"人做"坏"事难而付出的一个小小的代价。而且在实践中,这种号召企业去扮演政府角色的社会责任学说通常只是一种伪装。举个例子,某公司的主要雇主是在一个小社区里,对该公司来说,将资源用于为该社区做好事,或完善其政府机构,这可能符合该公司的长远利益。但这样的行为可能会使该公司更容易吸引理想的雇员,可能会使该公司得以降低工资开销,或减少小偷小摸及破坏活动的损失,或者得到其他有价值的影响。或者,情况也有可能是这样的:在有关公司慈善捐献税收减免的法律条件下,股东们通过让公司出面捐赠而不是由他们自己来捐赠,可以向他们所喜爱的慈善机构捐献更多的钱财,原因是通过这种办法他们可以将在正常情况下用来缴纳公司税的那笔钱用于捐赠。另外,在这些情况中,将这些行动作为对"社会责任"的履行而使其合理化是非常有诱惑力的。然而在目前的社会舆论下,在人们对"资本主义"、"利润"、"没有灵魂的公司"等的普遍反感下,这样做是使公司取得信誉的一种方式,而信誉也是公司赚取利益能力的一种表现。

弗里德曼进一步从自由市场制度的角度解释,在以私有产权为基础的、理想的自由市场中没有人能够强迫其他人,所有的合作都是自愿的,参与这种合作的各个方面都能够得到好处,否则的话他们没有必要参加进来。除了个人分享的价值与责任外,不存在任何意义上的"社会的"价值及"社会的"责任。社会是人的集合体,是人们自愿组成的各种群体的集合体。然而,"社会责任"学说将会把政治机制的范围扩展到每个人的市场活动上面。这与最明显的集体主义学说并无二致,又正好与弗里德曼《资本主义与自由》一书中倡导的自由资本主义社会原则相违背。

弗里德曼总结道,履行社会责任就是种虚伪的、粉饰门面的行动和目光短浅且"精神分裂"的表现。这不仅有害于自由社会的根基,而且危害了自由社会的市场制度。如果商人们响应号召履行企业的社会责任,可能短期内帮他们赢得赞誉。但它加强了这样一种业已流传甚广的观点:对利润的追求是罪恶的且不道德的,必须由外部力量来加以约束和控制。一旦这种观点得到采纳,那么,用来制约市场的外部力量,不会是武断的总经理们的社会良心——而不论它得到了多么高度的发展,它将最终演变为政府官僚的铁拳头。于是在弗里德曼看来,那些承担企业社会责任的商人们似乎暴露了一种自取灭亡的冲动。

在文章的最后,弗里德曼重申:"这里应该仅存在一种、而且是唯一的一种商业社会责任——只要它遵守职业规则,那么它的社会责任就是利用其资源,并且从事那些旨在增加其利润的活动,这也就是说,在没有诡计与欺诈的情况下,从事公开的且自由的竞争。"

约翰·马凯:《顾客第一》

不同于弗里德曼的以公司股东利益为首要考虑因素的观点,约翰·马凯认为:企业应该把顾客利益放在首位,满足顾客需求就是公司的目的。

马凯不同意1970年费里德曼的说法:"企业唯一的社会责任就是在遵守游戏规则的前提下,组织资源进行商业活动赚取利润;游戏规则是指公开和公平的竞争,不许欺诈和违法。"他认为,这种市场经济学派的观点其实就是认为在合法的前提下,企业唯一的社会责任就是最大限度地为股东赚取利润。

作为一个企业家,作为一个市场经济的信奉者,马凯坚决反对这种观点。他提出:一个好的企业应该为企业所有参与者(stakeholders)增加价值。从投资者来说,企业的目的应该是利润最大化,但这并不是其他企业参与者的目的,比如对于雇员、供应商和社区来讲,他们参与企业的目的不是利润最大化。企业的目的是由企业所有参与者来共同决定的,每个参与者的目的都是合理与合法的。

马凯也特意说明,他强调企业所有参与者的利益并非就对利润怀有敌意。事实正好证明马凯在赢取企业利益方面做得也相当不错。文中提到20多年前,当马凯和同事创办全麦食品公司时,当时只有45 000美元的资本,当年的营业额仅有25万;而如今,公司的销售额达到了46亿美元,利润是1.6亿,市值超过80亿。但是,全麦食品公司的股东价值的巨大增加并不是通过把利润最大化放在第一位而获得的。马凯做了个类比:"这就如同我结婚的目的主要是为了我太太的幸福,结婚对于我来说是幸福的手段。爱令我将太太的幸福放在首位,这反而令我更感幸福。"

  马凯进一步解释,把赚取利润放在首位的企业,满足顾客需求只是利润最大化的一种手段。把顾客利益放在首位的企业,满足顾客需求本身就是它的目的。因此,顾客的需求就会比在以利润为中心的企业,得到更多的关注和更好地满足。同时,全麦食品公司并不是只关心顾客的利益,同时也考虑如何为公司六个主要参与者共同增加价值,他们分别是顾客、雇员、股东、供应商、社区和环境。与此同时,马凯的公司也注重在市场的竞争中如何平衡公司参与者之间的利益,"任何参与者对自己的利益都不可能长期感到满意,正因为如此,公司领导者的职责就是要不断寻找那种能增加所有参与者共同利益的解决方案。"

  马凯也反驳了弗里德曼关于公司慈善行为的看法。他认为许多人对企业还需要对环境保护负有社会责任的观点可能持有保留意见。他们甚至认为把企业的时间和资源用在慈善事业上等于从股东口袋里偷钱。因为无论如何,企业资产在法律上是属于股东的。企业的管理者是股东资产的托管人,他对股东负有最大限度地使他们的资产保值和增值的责任,因此,任何偏离利润最大化的行为都是管理者受托责任的失职。如果企业管理者认为自己对社会和环境负有更多的责任,他们应该用自己的钱,而不是用企业的资源——股东的钱来做善事。这种观点听起来似有道理,企业资产毕竟是属于股东的,管理者的确负有管理好这些资产的责任。这一观点虽然没有什么大错,但是,马凯认为过于浅薄。

马凯接着解释,首先,企业所做的某些善事本身就是很好的生意,是为股东长期利益服务的。他举例说,全麦食品公司除了每年有很多小数额捐款以外,还要在每年的营业日中选择5%的营业日,从当日销售额中拿出5%捐献给不同的非营利机构。公司在选择捐款对象时,倾向于那些持有我们商店会员卡比例比较高的组织和消费群体,也会针对他们进行宣传,鼓励他们在捐款日来购物支持我们的善举。这种做法通常会为全麦食品公司带来很多新的和曾经流失的客户,他们其中很多人最后成为公司的忠实客户。所以,5%的捐款日不仅让公司做了善事,也是非常好的市场营销活动,为全麦食品公司的股东带来直接的经济利益。

马凯认为即使企业所做的善事没有给公司增加利润和为公司带来公关效应,那也是值得的,因为企业做善事是企业家理念的付诸实施。不同于弗里德曼的主张,马凯认为是企业的创始人——企业家才有权力和责任决定企业的目的,而不是今天公司股票的持有者——现有股东。是企业家创建了企业——把各种资源整合起来,做成一门能持续经营的生意;是企业家决定企业的发展战略;是企业家同企业的其他参与者(包括股东),在自愿基础上谈判决定加入企业的方式和条件。马凯强调:"在全麦食品公司,是我们'雇用'最初的投资者——股东,而不是相反。早在公司上市之初、全麦食品起草公司使命时,就首次宣布将把5%的纯利捐献给社会,这项政策公司至今已坚持了20多年。决定这项政策的七个私人投资者当时都是公司董事,是这七个人投票决定了这项政策,1989年当他们引进风险投资时,没有任何风险投资基金对此提出异议。不仅如此,在公司成为上市公司的14年中,几乎没有任何股东对此提出反对意见。作为上市公司,这项捐款政策是公开披露和广为人知的,股东们是在知道这个政策的前提下做出的投资决定,因此,怎么能说公司的捐款是偷现在股东的钱?"

除了从公司治理方面对企业社会责任进行解读,马凯还进一步从人性层面看待企业社会责任。他提醒道,除了经济学者们经常引用到的《国富论》,亚当·斯密还在他的《道德情感论》中说,人的本性不仅仅是追求私利,还包括同情、理解、友谊、爱和被社会欣赏。作为人类行为的动机,这些本性同人对私利的追求起着同样的作用。对很多人来说,这些动机可能更重要!

"当我们是孩子时,以自己为中心,只关心自己的需要和愿望;当我们成熟后,大部分人会超越孩提时代的利己主义,开始关心他人——家庭、朋友、社会和国家。人类爱的力量可以超越种族、宗教和国家一直可以延伸到全人类,甚至还可以延伸到其他动物。帮助别人我们可以得到快乐,这就是人类与众不同的地方。全麦食品公司为什么要捐钱给需要的人,因为我们关心他们,我们认为帮助他们是我们的责任。"

马凯总结道,全麦食品公司所采取的这种以顾客和公司主要参与者为重的经营模式是一种新型资本主义的企业代表。这种方式能让人有意识地为建设一个美好社会而努力,而不是仅仅把建设美好社会的责任交给"看不见的手"。资本主义名声不好,人们普遍认为公司是自私、贪婪和冷酷的赚钱机器。但如果大部分公司和经济学家能认同我们公司的营业模式,我相信人们对于资本主义和公司的观念就会转变。

最后马凯号召:"让我们对社会的爱和关心突破对私利的狭隘追求,这样做既不违反人性,也不会损害我们对利润的追求。相反,会使人性得到更充分地发扬,公司也会更加成功。我们为什么不能在商业和经济理论中,宣扬和鼓励这样的行为?我们为什么非要把经济理论限制在如此悲观、顽固和狭隘的人性之上?我们怕的是什么?"

米尔顿·弗里德曼:《还慈善事业一个清白》

针对马凯的异议,弗里德曼说:"我同马凯关于企业社会责任观点上的分歧,大部分是修辞方面的争论。除去词汇的表面语义之差,我们俩其实说的基本上是一回事。不仅如此,马凯的公司——全麦食品公司的经营手法,同我 1970 年在纽约《时代》周刊上发表的文章中所阐述的原则完全一致。从全麦食品公司的情况来看,它也不可能采用别的做法。全麦食品公司是在一个高度竞争的行业中获得了成功,如果它把任何重要资源的一部分投入与赚取利润无关的社会责任中去,它今天可能早已破产或被收购。"

弗里德曼认为,当企业在做这样的慈善事业时,总有很强的冲动把其说成是在履行企业的社会责任。虽然在当前公众对资本主义、利润和公司不道德经营等行径颇有看法之时,企业把一部分商业活动包装成社会责任的做法是可以理解的,但这种做法实质上就是企业用营销费用给自己擦脂抹粉的副产品,这些费用本来就是企业必要的商业支出。

弗里德曼接着审视全麦食品公司决定把公司净利的 5% 用于捐款这件事,显然弗里德曼认为他们完全有权利做这件事,但这等于他们利用美国公司所得税的征收规定,花自己的一部分钱,建立了一个 501c(3)(美国慈善机构免税的条款)的慈善基金。只不过这个基金没有指定的收益人,并且没有基金使用规则和基金的特殊使命。弗里德曼因此问道:"有什么证据和理由能证明,他们公司把这 5% 细水长流的利润花在慈善事业上就比投资在公司生意上或者作为分红由股东自己处置,能为社会作出更大的贡献?"弗里德曼断定,这种做法的唯一解释是,由于美国不合理的所得税法,使得公司用一部分税后费用代股东送礼比股东掏自己腰包送礼要便宜,因为股东免交这部分个人所得税。因此,5%净利的捐款是逃避公司所得税或慈善捐款减税的好方法,但绝不应成为公司为社会做善事的证明。

弗里德曼对于全麦食品公司慈善捐款的做法不以为然,他说,全麦食品公司在决定社会慈善资源如何有效分配方面缺乏相应的专业能力,如果公司把花在慈善事业的每一分钱投到公司所熟悉的生意上,一定会给社会带来更大的贡献。

最后,弗里德曼不忘强调他的自由市场经济观点:"以个人产权和市场经济为基础的社会机制是一个精密的系统,它能使人们在经济活动中自愿配合与协作;它能使每个人的知识和社会的各种资源配合起来发挥出最大效用。当然,我所描述的是一个抽象和理想的市场,现实世界远不是这样。每个国家都在不同程度上偏离了这个完美的市场,这些偏离如果不是大部分(我认为很可能是),至少有相当一部分是由于政府干预造成的。然而,尽管有诸多不尽如人意的偏离,我宁愿居住在当今这个主要以市场经济和私人产权为基础的社会,而不会选择一个大部分资源被501c(3)税法和那些利用此法的公司而分配的社会。"

T.J.罗杰:《利润第一》

罗杰的文章措辞真是一点都不客气,没有辜负他"炮筒子"的名号。他开头便说:"约翰·马凯这篇抨击企业利润最大化的所谓《顾客第一》的文章,不像他所宣称的那样,是出自一个信奉市场经济的自由主义者之手。马凯在文中信口雌黄地说,是他的公司雇用股东,而不是股东雇用他。如果他的公司业务长期萧条,例如当反对技术进步的勒德主义者①不能再用伪科学和恐惧阻止人类大规模生产转基因食品时(全麦食品公司主要是经营绿色食品),进而他被股东炒鱿鱼时,马凯立即就会知道到底谁是老板。"

罗杰认为马凯的文章只有一个观点:股东自愿拥有公司的股票,如果股东不同意他的捐款政策,可以通过股东大会的表决来修改这项政策,或者干脆卖掉公司的股票,买他们所喜欢的公司股票。因此,马凯把他的捐款政策事先告知他的股东,让他们自己做决定。这种做法至今为止没什么问题。

罗杰同时坚定地站在弗里德曼一边,他说弗里德曼在《企业的社会责任》一文中所说的企业要按"游戏规则经营"和不能"欺骗与犯法",其实就是指公司要照顾好所有参与者的利益,才能最大限度地增加股东的长期利益,弗里德曼也并没有说公司不要考虑长期利益,把所赚的每一分钱都放在当期的利润里。罗杰接着义愤填膺地说,当马凯试图把人们对私利的追求狭隘地定义为就是追求短期利润,因而不会对社会带来好处时,他的商人职业就开始屈从于他的利他主义的理想。否则,凭什么说他的公司捐钱就是对社会作贡献,就是高尚的,而别的公司把高一点的回报分给众多小股东就是自私?要知道:这些小股东很可能把这些钱投到他们的退休基金或为自己的子女上大学而存款!

罗杰指出,这种分歧是产生于理念而不是事实上的差异。他说,如果马凯想经营一个商业和慈善的混合机构,就应该把他的理念充分讲给他的股东,如果这些股东认同他的使命,那是愿打愿挨。同时,罗杰对让公司其他参与者——这是一个经常被集体主义者(比如

---

① 勒德主义者是指反对英国工业革命、主张手工制作的人。在此是指现代反对基因复制技术的人。

工会)想获得不合理要求时使用的字眼,来参与公司股东的资产分配的观点予以驳斥:"马凯的观点在我来看更像是马克思的'从按劳分配过渡到按需分配'——把股东的钱和资产贡献出去给慈善机构,给需要的人,给环保主义者;他们要多少就能得到多少。"

罗杰也不认为公司是自私、贪婪和没有良心的,他说,作为其中一个公司的代表,自己坚信即使没有全麦食品公司这样利他主义的样板,市场经济的资本主义仍然是一个高尚的社会。他愤愤不平地写道:"至今只有10到20家美国上市公司被成功地指控做了严重违法的事情,而它们只占美国17 500家上市公司的0.1%!可是新闻媒体对公司丑闻的不实报道竟有如此高的比例(看看纽约《时代》周刊的新闻造假案)!想想被弹劾的和差点被弹劾的美国总统有多少(他们的出事比例比上市公司高出10倍)?再看看美国参议员有多少被判刑的?事实上,尽管新闻媒体过分渲染公司的丑闻,美国民众仍然了解大多数美国公司是按照最高的社会道德规范经营的!这就是为什么在民意测验中,商人受人尊敬的程度总是排在政治家和记者的前面。"

罗杰在文中也不忘赞美一把自己所从事的半导体产业。他为美国半导体工业所取得的成就感到自豪,因为不遗余力地降低成本,一个在1960年值3美元的晶体管今天只值三百万分之一美元。罗杰同时不忘挖苦马凯,他说,如果半导体工业不存在,马凯的公司将要雇用成群的会计师用纸账本记账;如果不是因为半导体工业为了追求利润从而使成本大幅降低,马凯公司那些最穷的顾客们都要比现在支付更多的价钱才能买到相同的食品,马凯也不可能支付他的员工像现在这么多的工资,同样,他也不可能做这么多善事。当然,如果由于美国半导体工业从事慈善事业,导致成本不具有竞争性,马凯的公司自然就会向日本和韩国的半导体公司采购。其实,美国非工会化的半导体工业裁员,对参加工会的全麦食品公司的员工是一件好事。然而,当半导体工业失业的员工需要工作时,马凯的利他主义的精神跑到哪儿去了?

最后,罗杰宣称:"作为市场经济的一个资本家,我非常骄傲。同时我很讨厌,就因为我拒绝从道德的角度,接受这种给人类带来众多灾难、但听起来很诱人的集体主义和利他主义,马凯就把我看成是利己主义的小孩子的观点。"

约翰·马凯:《利润是手段,不是目的》

弗里德曼说:"我同马凯关于企业社会责任观点上的分歧,大部分是修辞方面的争论。"在这一轮的争论中,马凯认为:"我同他在这个问题的基本观点上有本质的区别,因为我们对企业的看法完全不同。"

弗里德曼认为企业只是为股东赚取最大利润的工具,把顾客放在第一位只是增加利润的手段,如果公司的慈善事业能为公司建立好的形象,同时又有助于掩盖公司赚取最大利润的动机那也是合理的(尽管,费里德曼认为这样做是虚伪的)。

相对弗里德曼的观点,马凯强调:"赚取最大利润并不是企业唯一的合理目的,企业不应该只关心股东利益,除了赚取最大利润,企业还应该有其他目的。至于谁来决定每个企业的具体目的,我在上面的文章曾说了一个重要观点,可惜弗里德曼没有回应这个观点。我说:'是企业的创始人——企业家有权力和责任来决定每个具体企业的目的。不是企业目前的股票持有人——现有股东。'全麦食品公司的创建不仅仅是为它的股东获取最大的利润,也是为了要给所有参与者增加价值。我相信有很多像全麦食品公司这样的公司——比如美敦力(Medtronic)和星巴克(Starbucks),这些企业家创建这些公司的目的,不仅仅是为赚取最大利润,也不是为了'虚伪'和'掩盖'自己追求私利的动机,他们的确是想通过自己的企业造福于社会。当然,我也承认有很多公司,比如像罗杰的柏树半导体公司,这些企业家创建他们公司的唯一目的就是为股东赚取最大利润。可是罗杰的柏树半导体公司如果仅仅是遵守法律和赚取最大利润,它还能履行其他社会责任吗?当然不能!"

马凯接着说,仅从罗杰这类企业家创建企业的目的是为了赚取最大利润来看,弗里德曼关于企业唯一的社会责任是股东利润最大化的观点是成立的。然而,企业的社会责任不是强制的,是企业家自愿做的事情,每个企业家都有权决定自己企业应该承担什么样的社会责任。因此,弗里德曼关于企业追求利润就是促进社会进步的观点对一些企业是对的,然而,认为所有企业都应该只有这一个目的就错了。

马凯并不认同弗里德曼把顾客至上、善待员工和企业善事都视为赚取利润的手段,他的看法是赚取利润才是手段。比如,全麦食品公司赚取利润就是为了要服务于公司的核心使命:全麦食品公司的使命是为世界上每个人提供优质和富有营养的食品,没有高额利润支持公司生意的增长,就不可能达到公司的目的。马凯说这就如同人必须吃饭才能活命一样,一个企业不赚取利润也不能生存;但是,人活着不是为了吃饭,企业也不是为赚取利润而生存。

显然,马凯认为即使弗里德曼说的"关于企业社会责任是赚取利润"和马凯自己的"好企业应该为企业所有参与者增加利益"观点是"一回事"。那么,马凯认为他自己的表述显然比弗里德曼的更能"令人接受"!因为他认为,就是因为像弗里德曼这种关于企业社会责任的表述使资本主义和公司在全世界范围被人误解、讨厌和防备。弗里德曼的观点被资本主义的敌人用来攻击资本主义,他们给资本主义贴上自私、贪婪和冷酷的标签。正如美国19世纪铁路大亨威廉·韦德比（William Vanderbilt）的名言"让老百姓见鬼去吧！"（意思是企业别去考虑公众利益）和通用汽车主席查理·威尔森（Charlie Wilson）所宣称的"对国家是好事，对通用汽车也是好事；反之，亦然！"（意思是，通用汽车股东越赚钱，国家越好！）

马凯因此建议，如果真是想在世界范围扩张资本主义，营销工作应该做得更好一些。他相信如果经济学家和企业家们能够宣扬他所主张的观点——好的企业应该为所有参与者增加价值，并按此做事，当今世界对资本主义的抵制大部分就会消失。他问道："弗里德曼在他的文章中也承认我们全麦食品公司除了赚取最大利润，通过'增加顾客在采购食品过程中的享受'也为社会作了重要贡献。其实，这正是我们在确定公司目的时，把满足顾客需求和增加顾客愉快作为我们核心价值观的直接结果。弗里德曼这些经济学家为什么不讲述这种理论？他们为什么不能多谈一点企业在为顾客、雇员和社会所作的这些有益贡献？为什么只谈为股东追求最大利润？"

马凯也反驳了弗里德曼关于企业从事慈善活动的观点。他反问道："如果全麦食品公司没有专长做它所从事的这些善事，谁更具有专长？是政府，还是个人？自由主义者都同意政府官僚机构在解决社会问题时，往往会制造出更多的麻烦。同样，个人也不会比公司在慈善事业中具有更多的专长。根据弗里德曼的逻辑，个人不应该捐任何钱来做善事，而应把所有钱投在公司中去赚钱，才能对社会作出更大的贡献。事实上，谁也无法计算把钱投到公司去赚钱和把钱投到慈善事业中去直接帮助解决社会问题哪一种方式能给社会带来更多的好处。企业存在于现实的社会里，它们对社会的作用有好也有坏。同人活在世上一样，企业通过提供商品、服务和就业为社会作出正常的有益贡献；同样，也像人对自己生活的社会有慈善责任一样，企业也应该做一些善事。企业的社会责任绝不是无限的,但也不可能是零。任何好的企业必须在它所有参与者的利益之间——顾客、雇员、股东、供应商、社会和环境间找到一个合适的平衡点。"

在文中,马凯对"炮筒子"罗杰的论点给予了回击,具体如下。

罗杰在他的文章中,除了给别人扣帽子外,好像还在同他脑袋中假想的利他主义和集体主义的左派观点在辩论。可惜,我的文章中并没有宣扬这种观点。全麦食品公司不是一个'商业和慈善的混合机构',而是一个非常赚钱、为股东提供高额回报的公司。在《财富》杂志500强里所有经营食品的公司中(包括沃尔玛),全麦食品公司在股东投资回报率、销售利润率、每平方尺营业额、同面积商店营业额和营业增长率这五个关键指标均保持第一位。我们的业务每3年半就翻一番!归根结底,全麦食品公司的经营理念是成功的,它为公司所有参与者(包括股东)提供了丰厚的回报。相反,柏树半导体公司多年来勉强维持赢利,它资产负债表上的利润累计额是'-4.08亿美元'。这表明在柏树半导体公司成立以来的23年里,它给股东带来的亏损超过赚来的利润。由此可见,马克思主义者的标签贴在罗杰身上更合适……

半导体工业的确做出了有目共睹的成绩,使我们今天的生活更加方便。但是,罗杰为什么不能从这个角度宣扬他的企业目的?反而整天喋喋不休地谈利润最大化和增加股东价值。其实,商业同医学、法律和教育事业一样,都是通过提供产品和服务来改善顾客的生活,给雇员提供就业和有意义的工作,为股东创造财富,也为社会进步承担责任。

由于全麦食品的企业参与者不止一个,我们公司的目标就不应该是单一的。罗杰大可不必担心我们对所有企业参与者负责会导致把股东的资产权利转给其他参与者。股东还是公司的所有者,他们对公司的净资产拥有所有权,他们可以解雇管理者。这与医生同病人的关系一样,医生对治疗病人负有道义责任,但是这个责任不代表病人有权享有医生为他行医时赚取的所有利润。

最后,马凯再一次强调他所宣扬的企业社会责任的理念比它的对手——追求最大利润的观点会创造出更有活力的经营模式,因为马凯坚信,此观点比单纯鼓励人们追求私利更能释放和激发人们的积极性。他充满信心地说:"我的理念将会成功,但不是企图以通过辩论说服知识分子和经济学家们,而是以通过在市场的竞争中获胜的方式来证明。总有一天,像全麦食品公司这样能够承担更多社会责任的公司将成为经济生活的主导。让我们走着瞧吧!"

评　语

约翰·马凯用"让我们走着瞧吧!"这样一句听似预言的话,结束了这场关于企业社会责任的大论战。

道理越辩越明,时间才是检验真知的最好标准。在论战发生数年后的今日,我们再回头看看双方关于社会责任的"世纪论战",也许每个人心中自会有各自的想法和判断。

如今不少企业家对约翰·马凯所提倡的"非营利为一切"论观点不谋而合,乔布斯谈到苹果1995—1996年几乎倒闭的那段历史时这么评价:"当苹果从一个立志做世界上最好的电脑的公司变成希望赚最多钱的公司的时候，它腐败了。我相信如果你看好你的顾客、你的产品、你的战略，金钱是会跟随着来的。但是，如果你只看金钱，而忘了其他的，那你就会灭亡。"苹果公司取得巨大的成功，根本在于对产品质量和客户体验近乎疯狂的追求，而非对利润近乎疯狂的追求；乔帮主如果只听股东的话、目光仅仅停留在市场份额和财务报表上，也不可能造就伟大的产品。这也从侧面说明了企业经营者不要把自己的行为限制在"追求利润"股东价值里面，也要知道自己对其他"公司利益相关者"的责任，这些公司利益相关者包括顾客、员工、社区和环境。所谓"无心插柳柳成荫"，当企业真心想着顾客、全心为顾客提供物超所值的产品和细心周到的服务的时候，顾客会感受到这份用心，市场利润也自然随之而来。

相比几十年前社会大众对于"企业社会责任"的认识，今日的"企业社会责任"的影响力，已经发生了深刻的变化。而这些变化不仅仅体现在西方，就是在中国这样一个发展中国家，也有越来越多的人了解到企业社会责任的存在；体现在西方各国政府以及中国政府对于推动企业社会责任实践的重视和支持；体现在中国各界对于它越来越多的讨论；也体现在中国社会舆论对企业社会责任方面表现越来越多的监督和越来越高的期望。一些中国企业管理者也开始摸索实践，除了对股东负责之外，如何担负起更多公司利益相关者的责任。企业社会责任，这个来自西方的舶来品，在中国变得不再陌生。

企业是不是都有能力像苹果公司一样既服务好顾客又给股东带来丰厚收益？即使是把企业社会责任看做一种弗里德曼描述的"粉饰"行为，企业社会责任具体应该怎样履行和操作？如果企业想要真正承担社会责任，那么针对不同的实际情况，哪些社会责任应该是企业的首要任务？不同的企业在不同的阶段是否应该履行不同的社会责任？政府和企业谁应该做得更多？在企业生存发展的一些时期，政府应不应该强迫公司承担责任,还是由政府自己率先做好?在企业发展和社会责任之间,怎样掌握平衡?是否可以既担起责任又能为企业创造利润?

为了回答以上一系列的问题,本书下面的章节将呈现与企业社会责任相关的知名企业案例。通过这些发生在商业世界中真实案例的展现,我们希望读者能够得到更多启发。

第二章　信义房屋——用梦想打造现实

企业不只是捐钱的角色,丧失社会责任后再去行善、再去环保组织买'赎罪券'?这种观念不该再有。

——台湾信义房屋董事长 周俊吉[①]

你还记得年少时的梦想吗?豪情壮志登九霄,誓要建功立业,经世济民!好男儿志在修身、齐家、治国、平天下!还记得那本终于传阅到手中,书页已磨损泛黄的武侠小说吗?郭靖大侠的胸中豪气、忠毅赤诚、宅心仁厚,充溢着"知其不可而为之"的坚韧和铁骨铮铮的担当,是何等大气磅礴、悲壮沉郁,让你我何等心驰神往。还记得读到范仲淹、杜工部时的荡气回肠吗?君子当"先天下之忧而忧,后天下之乐而乐";"安得广厦千万间,大庇天下寒士俱欢颜,风雨不动安如山!呜呼!何时眼前突兀见此屋,吾庐独破受冻死亦足!"

你敢不敢把这份豪气落入现实,因梦想而建立一家企业,用责任感发展一份事业?本书的第一个案例讲述的正是这样一位敢想敢为、用信和义铸造一个品牌的企业家故事。

---

① 朱月怡、王剑、钱玉婷、丁杰静、田园:《中国企业家社会责任五年记》,《商界·时尚》2009年第12期。

因梦想而为企业

有这样一个年轻人,他出生于台湾嘉义名门望族。中学时期,他成绩落后、性格顽劣,令管教严格的父亲非常伤心,不愿给予资助。高中时他只能读夜校,曾经摆地摊、在养鸡场养鸡、在书店打工,最终半工半读完成了学业。而后经过四度大学联考的挫败,才最终考进台湾文化大学法律系。毕业后这个年轻人又让众人张大了嘴巴,他居然立志进入当时在台湾臭名昭著的房地产中介行业。三十年后,这个人坐拥房屋中介王国信义集团,他就是信义集团董事长周俊吉(如图 2-1 所示)。

图 2-1 信义房屋公司创始人周俊吉先生

有人说,周公子是"富二代",成功岂可复制。殊不知,周俊吉创业初期，父亲只答应以 1.5% 的月息借 30 万给他，一年不到他就用完了。此后，他为了支付员工工资和继续经营自己的公司，成为当铺的常客。

回顾信义房屋早期的成长经历，它不断颠覆业界传统，一步一步地创下许多"第一"的纪录，拿奖拿到手软。而这些纪录和奖项的背后，几乎每次都让这个小小的房屋中介公司以赔钱为代价。

人人都知道创业有风险，更要冒险。而你会像周俊吉那样执著于服务质量，一意孤行地把自己的企业"置于死地"吗？如果这样的创业，需要你成为当铺的常客，以当掉太太结婚首饰的方法来筹措周转资金，你还会像他一样为改写服务市场规则而执迷不悔吗？

出淤泥而不染

美国企业家约翰·马凯就曾说过，"是企业的创始人——企业家，才有权力和责任决定企业的目的，而不是今天公司股票的持有者——现有股东。"也就是说，企业家有权决定企业的文化。

20 世纪 80 年代的台湾，由于欺骗行为四处横行，台湾的房地产中介行业成为公认的"欺诈行业"。长期以来，台湾房地产行业的交易过程一直缺乏透明度。机会主义投资者、房地产开发商和中介常常沆瀣一气，为获得高于正常水平的投资收益率，不惜采取"可疑的"定价行为。

为了获取尽可能多的佣金，房地产经纪人通常都会玩弄"与双方客户讨价还价"等伎俩，从中赚取价差。由于在交易过程中没有所售房产的公开信息，买家和卖家的地位并不平等：买家看到的建筑面积或住房面积数据未必准确，而且为了提高价格，中介还会故意缩短房龄。

这个行业之所以有此恶名,不仅仅因为中介欺骗客户,还因为中介公司对员工采取了不负责任、乃至违反职业道德的行为。在台湾的房地产中介行业里,员工的流失率很高,因为员工要么很难定期拿到工资,要么很难得到老板曾经承诺的薪酬。

毕业之初,周俊吉胸怀伸张正义之志气,筹备司法考试,在与大学恩师王宝辉教授多次交谈后他认识到,阻止伤害的发生比事后去处理伤害更有意义。当时的台湾民事案件中,不动产纠纷所占的比例最高,有感于此,周俊吉进入了房屋中介业。但短短三个月后周俊吉便陆续从两家公司辞职,因为公司承诺员工8 000元(新台币)的底薪最后只付给2 000元(新台币),并且面积、房龄等相关信息在买卖过程中都要作假。虽然两个月一套房子都没有卖出,但周俊吉亲身体会到了外欺客户、内瞒员工的做法对顾客和雇员的伤害有多严重,而这正是当时台湾房地产中介业的常态。

面对如此局面,周俊吉下决心要做不一样的房屋中介。

也正是由于行业内欺诈与背信弃义的劣行屡屡发生,因此,能够扭转并最终改变消费者行为、坚持进行公平公正的交易便成了信义房屋获得成功的关键。通过在信义房屋的管理理念中注入相互信任、客户满意、尊重员工和社会责任,周俊吉致力于为信义房屋打造美名。

与当今众多企业将企业社会责任(CSR)作为宣传手段不同,周俊吉自创立信义之初就将CSR作为立业宗旨。1981年,年仅28岁的他写下70字立业宗旨:"吾等愿借专业知识、群体力量以服务社会大众,促进房地产交易之安全、迅速与合理,并提供良好环境,使同仁获得就业之安全与成长,而以适当利润维持企业之生存与发展。"简而言之,就是以人为本。

以人为本的文化和管理理念

周俊吉坚持儒家伦理，确定了自己的管理理念与信义的愿景和使命。根据儒家思想，企业始终应该最先考虑"人"以及"人的需求"。据称，信义的文化不仅"立足于儒家学说"，而且"以人为本"。在信义的座右铭中，员工和客户居于核心位置。此外，为了向员工灌输自己的文化，周俊吉在管理中采用了多种方法。周俊吉坚持认为，所有业务都必须合乎道义，符合信义的公司使命，否则，即使亏本也在所不惜。他解释道：

> 使命、公司、高管、责任与荣誉——我们为什么要把使命放在第一位？因为使命是公司最高的指导原则……每位员工都应该首先矢志于使命，其次才是公司，再次才是高管。如果公司没有使命或者未能遵守使命，那么，公司也就失去了存在的价值。

周俊吉还结合互相依赖型组织和共同繁荣型组织等概念，进一步阐述了他对义利之争的看法。

> 组织分为互相依赖型和共同繁荣型两种。互相依赖型组织存在的目的仅仅在于实现组织成员利益的最大化，而共同繁荣型组织则必须满足外部行为者的需求，服务并造福社会。信义房屋当然不是一家互相依赖型组织，因为我们始终将客户及外部利益相关者的最大利益放在首位。我们不仅在为自己牟利，同时也在为客户牟利。

信义的文化符合儒家学说中"和谐"的理念。为了减少员工之间的内部竞争,将他们的注意力转移到公司使命(即为客户提供诚信服务)上,信义更加强调的是"和谐的"团队合作,而不是个人。

信义还是在同行中最早开始实施企业形象识别系统(corporate identity system,简称CIS)的企业之一,LOGO的正中便是一个"人"字,意味着人在信义的核心地位(如图2-2所示)。

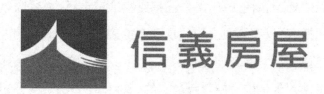

图2-2　信义房屋标志

独特的人才培养体系
——人才培养比资本积累更重要

在电影《天下无贼》中,葛优饰演的扒手头目黎叔有句经典台词:"21世纪什么最贵?人才!"这句话幽默却不失真实地道出这个时代的特征。人力资源是企业最宝贵的资源,对于企业家们来说这是常识,但是真正将人视作企业核心的又有几个?能够真正管好人、用好人的又有几个?

周俊吉认为,人力资源是信义获得成功和可持续发展的关键。在他看来,信义房屋的员工代表着公司的素质和声誉。与其他房地产中介公司相比,信义房屋在招聘时比较看重没有相关工作经验的毕业生;而且比较欢迎拥有大学文凭的应聘者。周俊吉认为,教育背景较好的大学毕业生更容易接受信义的文化,他们的行为表现更容易达到信义在伦理方面的要求。

在招聘流程方面,信义下了很大工夫。他们设计了一个为期一天的试验流程,通过初试的所有应聘者必须体验并通过这个双向评估:公司安排应聘者在一家分店处理(信义员工需要承担的)各种职责和日常工作。例如,考察人员可能会装成一个挑剔的客户,要求应聘者为这些"神秘客户"提供周到的服务。而且应聘者需要在为期一天的试验中处理各种任务,例如拨打自我推销电话、说服固执的客户等。在此期间,考察人员会评估应聘者的表现和潜力,应聘者也会有机会在抉择之前判断自己是否喜欢这种工作。除了公开招聘之外,内部员工推荐也是信义招聘新员工的一种重要方法。向公司举荐了合格新人的员工还会获得奖励。

周俊吉认为,信义的所有员工都是自己的合作伙伴,并坚持从工作技能和道德品质两个方面培训合格的员工。他公开表示,员工的工作经验和技能可以在工作中得到发展和提高,但信义绝对不会对违反道德的行为心慈手软。

获得工作机会之后,新员工必须参加一系列设计得非常系统的课程,第一天的课程就是"企业伦理培训"。通过这门课程,新员工可以了解信义房屋的道德规范和规则。

与竞争对手相比,信义在员工培训方面投入了大量资源,并为员工的职业发展提供各种培训计划。信义房屋还提供职前培训,包括"新员工培训"计划、"基础知识"课程以及"在职"培训。此外,公司还提供"专业"培训和"职业"培训,包括"核心能力培训"、"专业培训"等。各个岗位上的资深员工还会给新员工讲授公司特有的课程,例如为"高级住宅业务管理和销售人员培训"提供的"战略及管理课程"。

结合信义房屋的各种培训计划,公司设计了一个评估体系,基于儒家学说的职业伦理在这个评估体系中处于核心位置。信义从三个方面评估员工：能力/潜力、服务质量和交易数量。信义房屋每年向一名员工颁发公司的最高奖项——信义诺贝尔奖。能够获得这个奖项的员工凤毛麟角，这个人人想要的称号是信义员工能够获得的最高荣誉。为了获得这个奖项，员工必须在交易数量、与同事合作等方面表现优秀。不过，更重要的是，获奖员工的客户投诉率必须为零、客户满意率至少要达到4.2%（满分为5%）。

在信义房屋的评估体系中，基于团队的奖项很受重视。每年年底，所有与同事充分合作、实现服务创新的团队成员都将在公司的年度大会上获得表彰。在员工发展方面，信义房屋的创新一直非常成功。2005年，信义房屋获得了台湾服务业的"人力资源创新奖"。周俊吉这样解释："信义的创新立足于客户。我们还指导员工成为这个行业的专家里手。事实上，在我看来，无论哪种创新都应该立足于客户需求，这自然会提高服务的增值和效率。"

高底薪，低奖金

从工资结构来看，信义房屋的奖金比例远远低于台湾其他公司。以房产销售为例，信义仅拿出佣金总收入中的8%作为奖金发给完成交易的员工。而在美国，这个数字高达80%；在台湾其他公司，这个比例也达50%—60%。然而，信义只给个人奖励8%，给分店奖励4%。

周俊吉自称糅合了资本主义与共产主义的优点，独创了一套奖金分配办法：个人业绩奖金的三分之二归个人，另三分之一店内平分。如此一来，既不会对个人追求成长造成太大影响，反而增加同事的合作关系,而对业绩不理想的同事而言,在不好意思老是领别人奖金的荣誉感下,也有激励作用。

孙勇飞①讲过一个关于信义发奖金的小故事。

> 有一次发给我2 000元奖金,把我发哭了。那天一早,老板把我叫到办公室,我就知道要给我发奖金。一进门,老板说:"这个月做得不错,辛苦你了,给你红包。"然后递给我一个红包,我当着面也不能数,就揣兜里,一捏,很薄(后来知道是500元)。当时心里想:"这老板真抠!"但也没有办法啊,也就谢了一声,走到门口的时候,老板说:"回来,你多久没有跟女朋友吃饭了?"我听到他这么问,就想顺便暗示性地抱怨一下最近压力很大红包好像少了点,于是便说:"老板啊,现在业绩压力这么大,哪有时间跟她吃饭,都不知道还是不是我女朋友了。"老板叹口气,说:"唉,公司害了你啊,公司对不起你们。"然后从抽屉里面又拿了个红包给我,说:"命令你,今天提前两小时下班,然后跟女朋友去吃烛光晚餐,如果你不服从,就罚你钱!"我把这个红包揣兜里(后来知道还是500元)。当时心里就很感动,连说谢谢,走到门口,老板又叫我:"等等,回来!你多久没有回老家了?"我实话实说:"老板,现在新开店铺多,而且一条街道上尽是同行的店,竞争很激烈,没时间回家啊!"老板又叹口气,"公司对不起你们啊,"接着说:"害得你们不能跟父母相见,骨肉分离,唉!"然后又从抽屉里拿了个红包给我(后来知道是1 000元)。老板说:"今天,现在马上去对面超市买补品、营养品,给父母寄去!这是命

---

① 孙勇飞,房产培训专家。曾先后服务于香港、台湾的知名房产中介企业,培训过信义、中原、住商、21世纪不动产等多家中介企业,同时还担任多家品牌中介公司的顾问。著有《房地产中介实务》《中介胜经》等。

令！老人家养你不容易,我们不能做不孝顺的人!"我把三个红包揣兜里,走到门口已是眼泪哗哗的①。

修齐治平
——成功是服务客户、提高质量的副产品

信义不仅在人力资源管理体系方面追求创新,在公司其他领域也大力倡导创新,建立行业规则。

1989 年,信义因为投入了当年营业额的 10% 推动"房屋说明书"而在台湾房地产大好的年头没有赚到钱。时隔一年,台湾的股市从 12 000 多点跌到 2 000 多点,房地产市场大跌,市场大幅缩水,信义却逆势成长 50%。

1991 年,银行突然停止对信义承诺的特别优惠低息贷款,而这项业务已开展几个月,为了信用和质量而履行承诺,信义承担贷款差花了 30 多万新台币,这笔钱相当于上一年度利润的三倍。

1993 年,信义又推出了"漏水保护",只要是买信义房屋,半年之内发现漏水由信义负责维修,此项目花费 1 000 多万新台币。

1996 年,信义又开展了履约保证,保证买方和卖方能拿到房屋和房款,由信义承担买卖房屋的风险。

2002 年,信义率先推行了"追求完美体系",利用高科技为客户提供更好的服务,从而增强公司与客户的联系。该体系尊重客户个人的特殊需求和感受,提高个性化服务的满意度,从根本上改变了传统

---

① 博主"希望对面小岛是我的家":《金牌门店胜经》,http://ljhljh1203.popo.blog.163.com/blog/static/191110452010122360592/,最后浏览日期:2013 年 8 月 15 日。

的房地产服务模式,提高了整个社会对房地产中介的接受度。这对提高房地产业的服务水平、改善房地产业的规范产生了积极影响。

在帮助客户做出最佳决策时,信义会彻底调查交易房产,并制定一张"房产信息图表"。利用这张图表,买房者可以详细、准确地了解与他们想购买房产有关的全部信息。为了帮助客户做出最佳选择并避免无谓的争端,信义房屋借鉴了制造业的"质量检测"理念,在房地产交易活动中采用了"质量控制"和"质量保证"体系。而且,信义房屋在客户满意率超过4.2%、客户投诉率低于6%之后才向客户收取1%的服务费。此外,信义还颁发"爱迪生奖"和"内部研究补助金",激励员工不断创新,向客户提供更好、更具创造性的服务。

为了提高客户在购买房地产过程中的满意度、消除风险并避免潜在失误,信义实施了另外一项战略举措:建立了一个"四项保证"服务体系。根据这一体系,信义会主动采取措施,帮助购房者对房屋的建筑材料进行专家调查,并采用托管制度以减少客户的潜在交易风险。

不同于20世纪80年代,如今在台湾,有超过90%的民众买卖房地产时乐于使用房产中介服务;房地产中介的产业形象激升,房地产经纪业已成为大学生毕业后最想进入的十大行业之一。身为台湾房产中介业龙头企业的信义房屋在其中扮演的推动角色与贡献居功至伟。信义房屋提出的诸多创新服务与制度,包括不赚差价、分段收取固定服务费、不动产说明书、漏水保固服务、成屋履约保证等不仅为其他中介业者所仿效,更是消费者引颈期待的优质服务。信义获得过第十六届台湾品质奖企业奖、第十七届台湾品质奖个人奖、2005年台湾最佳管理企业、2006年亚洲不动产产业获利前十强等企业经营奖项;荣获2006、2007《远见杂志》颁发的"企业社会责任奖";在《天下杂志》1 000大特刊"500大服务业"调查中,信义房屋连续13年为房地产中介行业第一名;2007年信义房屋的网站获得金手指网络奖年度最佳网站奖。

信义房屋不仅是台湾市占率最高的房产中介公司、台湾唯一一家股票上市的房屋中介公司,而且是唯一在北京、上海、苏州、杭州、青岛、成都、中国台湾、日本东京成功布点的华人中介品牌,更是全世界唯一一家荣获国家级质量奖的中介业者。

所有这些成绩不过是周俊吉带领信义专注于提升服务质量的副产品,正如他自己所言:

> 义利之争自古有之。在我看来,义包含利。如果我们首先做到义,利便会随之而来,这样一来,我们就可以做到义利兼得。但是,如果我们只关注利,就会有鸡飞蛋打的风险。因此,义在先,利在后。

做好自己的蛋糕

信义集团成立三十周年之际,周俊吉携手四川成都交大房产公司进驻成都的二手房市场。

这当然不是信义在中国大陆的第一家门店,早在1993年,信义就入驻上海,成为最早进入中国大陆房屋中介市场的台资企业。但是信义在大陆的成长很缓慢,这与信义的市场策略有关,信义的核心是坚持品质,所以进入市场的原则是"先好、后强、再大"。

在中国连锁业飞速发展的今天,许多公司采取的策略是先扩张规模,抢占资源。但信义稳扎稳打,坚持的原则是"有多少店长,才开多少家店",因为他看重的是"开一家,活一家,火一家。"就像爬山一样,信义要按照自己的速度,保持节奏,向目标前进。

信义开店的原则是"因人设店",有适合做店长的人培养出来之后再开店。"有些事你可能需要去抢占先机,但也有些事,你把质量做好了,那些机会永远会在。"周俊吉如是说。此外,城市之间和城市内的规模经济各不相同,信义会在对城市的发展情况足够了解之后再确定前往开疆拓土。

周俊吉喜爱登山,山峦壮阔,站在山峰之前,人是那么微不足道。这种心境之下,周俊吉总喜欢把房屋中介事业看得很大,把自己市场份额看得很小。

信义房屋2006年做了1.6万笔交易,按周俊吉的计算方式,占全年台湾房屋买卖移转数量的4%,分母包括了全台湾的一手房、二手房。而目前信义仅在台北、桃园、高雄、新竹等地开办二手房中介业务。之所以刻意放大分母,周俊吉说,"第一之后,就是要把自己看得小一点,让自己更努力一点。"

曾经,信义也尝试过做买卖房屋下游的装潢服务,但是培养装潢人才的速度不如其他企业,原有体系的人又更愿意做自己擅长的领域,试错失败后,信义将装潢改成了与优质装修公司合作的转接服务。

信义房屋一直专注于自己的细分市场,并不盲目追求企业规模的扩张。集中精力把品牌做得更好、服务质量更好,企业就自然能更强、更大。

大陆之为大陆

当前大陆的房地产中介市场之混乱,比起20世纪80年代的台湾有过之而无不及。

上海一家大型二手房网站的营销负责人透露,用低价房源或高性价比房源信息吸引客户早已成为房产中介的通行做法。网上虚假房源泛滥现在已从"潜规则"变成了"明规则",按保守估计,网上房源存在不实信息的至少占50%。网上房源不实信息主要涉及虚报价格、重复房源、利用已售房源钓鱼等多种造假形式。而面对客户询问,中介最常见的回答是"已经卖完",并转而推荐其他房源。

对中介人员而言,当其他人都在作假时,真实的信息被淹没反而失去了关注度。最后,所有人都去编造虚假房源,或者篡改房源信息,将房源包装成"笋盘"、"跳楼价"、"急售"等。吸引购房者来电后,再记录下客户的信息,以便对其进行信息轰炸。这就是房地产中介业的"劣币驱逐良币"。

除了信息造假,还有明目张胆的"要红包"。故意拖延交易时间,扣着尾款不肯给,将水电煤的押金一并收入囊中直到交房也不肯还出来。这种种行为只为一样,那就是要佣金之外的"红包"。

更有甚者,中介将客户房产转到自己名下,后以高于原价的价格卖出。具体手段是:先骗买家,在充分取得其信任后,让其将购房款全数打给自己,并负责所有购房和转让手续;再瞒卖家,谎称系买家要求,在进行房屋所有权更迭时,让卖家把所有权转到自己名下。这种种乱象简直触目惊心。

此时的大陆消费者对于房地产中介业已经形成了不可信任的刻板印象。信义的管理风格和经营之道似乎再没有在这里打出一片天地。

今天的信义,随着规模日益扩大,公司很难维持其独特的愿景、使命及相关管理风格。不仅如此,市场上的竞争对手也正在不遗余力地模仿信义房屋成功的商业模式,这有可能对信义房屋的市场份额造成不利影响,进而削弱其竞争优势。

周俊吉坐在刚落成不久的公司总部大楼(位于台北最昂贵的商务区)内,一边思考上述问题,一边考虑对策。信义房屋亟须解决的两大问题是:如何在员工中坚持推行"信"与"义"这两大公司理念?在反击竞争对手的进攻时,信义房屋是否应该改变自身的商业模式?

在大陆发展初期,信义面临的另一个大问题是离职率居高不下。由于坚持用信义的方式去招聘、培训,培养出来的人才很快被人轻易地挖走,甚至集体出走。这对培训投入很高的信义来说是个很大的打击。初期大量人才流失的一个原因是,大陆员工对台企的不信任和缺乏稳定的安全感,并且高层都是从台湾"空降"过来,自己也没有机会晋升,容易遭遇"职场天花板"。在逐渐理解这种想法之后,信义让本地员工也有畅通的晋升渠道。结果显著,当上店长的员工离职率就低了很多。信义对自己的定位,并不是一个台湾企业,而是一个华人的企业、全球的企业。

在对外扩张的过程中,信义一步一步了解不同的文化,选择适合自己的成长方式,坚持企业伦理,先做好、再做大。也许先影响到少数人,但是这少数人中的每个人都是精英,他们对整个行业,甚至整个社会的影响都不容小觑。星星之火,可以燎原;静水深流,终为江河。

责任铸造信义的核心竞争力

周俊吉可算是一位"儒商"。他坚信管理企业的首要目标就是关心客户的福祉。以儒家的观点来看,企业在追求自身利益之前,首先应该履行自己的义务,履行企业对客户承担的责任。在关心客户的同时,满足客户需求是信义首当其冲的任务。通过创新培训及指导,信义房屋鼓励员工采纳企业伦理的精髓,同时对客户的需求保持高度敏感。

因此,很多人认为儒家伦理对信义房屋的理念具有根深蒂固的影响。周俊吉本人也曾多次在公开场合谈到儒家对其信仰及管理风格的影响。他特别强调在"义"与"利"之间维持恰当的平衡。现代新儒家的代表人物,哈佛大学的杜维明教授认为,儒商就是企业界的知识分子,就是企业界关切文化、关切社会的代表,而且要通过他的资源,要对除了他自己的利益、他集团的利益负责以外,更要对更广大的社群的福祉作出贡献。而往往无心插柳柳成荫,信义所担负的企业社会责任为信义赢得社会的尊敬和美誉,周俊吉先生对经营理念的坚持和付出无形中为企业长久发展奠定了基石。

通过对比信义房屋和其他房产中介在先期台湾市场中的不同做法,可以清楚地看到信义房屋是如何在市场竞争中赢得优势和积累核心竞争力的(如表2-1所示)。

表2-1 早期市场信义房屋与竞争对手做法对比

	信 义 房 屋	其他房产中介
经营理念	首先做到诚实信用,再考虑营利;总是把顾客需求放在第一位;公平交易	唯利是图,营利第一
公司文化	利润来自认可;以人为本;想顾客之所想;强调内部合作	急功近利;强调内部竞争
管理方式	对待顾客:信息透明;为增进交易安全和顾客满意度不断创新	对待顾客:虚假信息;缺乏信息透明度;欺诈顾客
	对待员工:雇用没有相关工作经验的大学毕业生;配备完善系统的员工培养机制;健全的基于客户评估反馈的员工晋升系统;低的员工流失率以及和谐的企业文化	对待员工:薪水不能保证;员工之间相互欺诈;高离职率和组织内部竞争文化

信义房屋通过富有责任心的企业经营来积累企业核心竞争力[①]。企业核心竞争力的识别标准有以下四个。

1. 价值性。这种能力首先能很好地实现顾客所看重的价值,如:能显著地降低成本,提高产品质量,提高服务效率,增加顾客的效用,从而给企业带来竞争优势。

2. 稀缺性。这种能力必须是稀缺的,只有少数的企业拥有它。

3. 难以模仿性。核心竞争力还必须是企业所特有的,并且是竞争对手难以模仿的,也就是说它不像材料、机器设备那样能在市场上购买到,而是难以转移或复制。这种难以模仿的能力能为企业带来超过平均水平的利润。

4. 不可替代性。竞争对手无法通过其他能力来替代它,它在为顾客创造价值的过程中具有不可替代的作用[②]。

显而易见,信义的核心竞争力(如表2-2所示)来自其对于顾客和员工的负责、对自己有责任的做法的长期坚持。周俊吉先生在访谈中说:

> 信义对待公司和员工就像植树。我们把小树种下,并精心呵护它们。其他人或许会喜欢从别处嫁接或者移植,那么他们会马上有一棵棵高大成型的树木,会马上开花结果。但是嫁接

---

① 核心竞争力是企业在长期生产经营过程中的知识积累、特殊技能(包括技术的、管理的等)以及相关资源(如人力资源、财务资源、品牌资源、企业文化等)组合成的一个综合体系,是企业独具的、与众不同的一种能力。

② 资料来源:"Resource-based View"词条,http://en.wikipedia.org/wiki/Resource-based_view,最后浏览日期:2013年8月7日。

和移植的树木可能会水土不服。我们的树木虽然成长需要时间,但是我们有耐心为它们浇水施肥,我们有信心看到未来踏踏实实的丰收。

表 2-2 信义的核心竞争力

价值性	值得信赖的服务
稀缺性	信义有道德和有责任心的员工与美誉是竞争对手没有的
难以模仿性	信义独特的公司文化和品牌形象;良好的客户关系
不可替代性	信义为房屋交易顾客提供的安全感不可被替代

总结:儒商创造的"双赢"
——中国特色的企业社会责任之路

四书五经已久远,但中国人的骨子里流的总有忠、孝、礼、义的儒家血脉。义利之辨在中国亘古恒新。当西方文明遭遇现代性的困局时,哲人学者纷纷向东方寻求智慧。曾经鼓吹资本主义是人类最好制度的福山①也写下《美国民主没什么可教给中国的》。再看一看儒家文化对新加坡、韩国以及中国香港和台湾等地区的影响:香港著名企业家李嘉诚自幼熟读儒家经典,并且把儒家思想用到经营中,讲求"信用"、"意气",讲求"忠恕"之道,被称为一代儒商。新加坡前内阁咨政李光耀,在谈及治理新加坡经验的时候说:"要不是新加坡大部分人民都受过儒家价值观的熏陶,那么我们是无法克服过去那些

---

① 《儒家思想与现代企业管理》,http://www.360doc.com/content/12/0104/13/479061_177183034.shtml,2012 年 1 月 4 日,最后浏览日期:2012 年 12 月 25 日。

困难的。四十年的治国经验使我相信道德、价值和伦理规范,对建设一个健全稳定的社会来说是非常重要的。"①当中国很多的企业学习西方管理理念的时候,何不回头看一看中国传统的儒家文化中蕴藏着的对当今企业管理者的启发?

众所周知,儒家思想的基本精神是"仁、义、礼、智、信",如果我们从现代经营管理的角度去解读,会发现"仁、义、礼、智、信"讲述的不仅仅是伦理之道,也是企业有责任的经营管理之道。

"仁"代表友爱、互助、同情。在企业经营中,企业之间、企业与顾客之间不仅仅是合作与交换的关系,更是通过合作和交换而建立相互信任的过程。优秀的企业会时时考虑顾客的想法和需求,帮助顾客排忧解难。也只有这样,才能够赢得广大消费者的深情厚谊,建立牢固的关系,从而促进企业的蓬勃发展。

"义"指的是人的思想和行为要符合一定的标准。"以义生利"的思想完全可以转化为一种经营理念:管理企业的活动不仅仅是为了创造物质财富,也是创造精神价值,精神价值能更有效地保证创造物质价值。

"礼"泛指各类典章制度和道德规范。"不学礼、无以立",不懂得"礼"就不懂得协调人际关系的行为规范,就不能立身处世,更不可能获得事业的发展。同样地,在企业经营中,管理者首先要学会做人,然后才能团结人,和其他人一起成就企业。在此,"礼"不再是之乎者也的空中楼阁,而是体现在企业员工一举一动、一言一行中的行为规范和齐心协力,是企业无形的财富。

"智"指的是聪明智慧。人们印象中的商场如战场,赢得市场必

---

① 《儒家思想与现代企业管理》,http://www.360doc.com/content/12/0104/13/479061_177183034.shtml,2012 年 1 月 4 日,最后浏览日期:2013 年 8 月 7 日。

须靠人才、靠出色的智慧和谋略方能克敌制胜。优秀的企业家懂得"得才者昌,失才者亡"以及"黄金累千,不如一贤",更懂得吸引人才、尊重人才、任用人才。而一个没有道德和责任心、急功近利、唯利是图的企业,会吸引到真正可以为这样的企业发展出谋划策的人才吗?古人讲究"以德服人",即使是如今的商业社会,又有多少人才的目光只停留在物质和利益上呢?

"信"指诚实不欺。企业能否成功,关键在于顾客,取决于顾客的信任,而顾客的信任的获取是一个长期的过程,也是一个需要理念和信心去经营的过程。"信"的建立,无异于企业品牌的建立。一个令顾客信任的品牌,是企业基业长青的保证。

在中国的传统思想中,商人的地位一直不被重视,甚至在改革开放后,"暴发户"、"无商不奸"、"为富不仁"、"唯利是图"等说法依然让中国商人的形象蒙羞。究其原因,一方面是由于商人对"儒"理解的匮乏甚至丢失,使得中国市场经济缺乏本土化的理论上的成熟。中国的商人虽然有吃苦耐劳、积极进取的开拓精神和极其丰富的商业实践经验,但往往缺乏文化知识的辅助和指引,也就很难形成完整系统的理论,规范也就无法用准确的文字加以表述并传达。另一方面,对于文化知识了解较为全面的"纯儒"(比如商科研究的学者),虽有较好的理论基础、驾驭文字能力和掌控信息能力,但缺乏管理和商业操作实践,也很难形成令管理者信服、能够具体指导中国本土商业实践的规范,多数是就理论谈理论的纸上谈兵和不切实际的夸夸其谈。基于上述两个原因,中国的商人形象难以得到提升,商科研究成果难以为实践指路。商业运作和市场经济要想走向规范化、高效化,并且有完整有效的适合中国环境的理论体系形成,就必须在商人和学者之间搭建一个构建中国特色管理理论的桥梁,就必须通过双方真诚交流来培养"两栖儒商"。

从信义房屋的案例来看,"儒"的确为"商"的发展和商业组织管理提供了一种规范。信义儒商的做法也说明,物质的富足只是为其提供了一种生存保障,因为人不可能饿着肚子整天谈论高雅和文化。而人的存在并不是只停留在物质追求层面,对文化和理想信念的追求则是让灵魂获得享受,让人活得更有尊严和意义,让企业家的劳作变得更高尚和受人尊敬。

人类生存的美好境界就是"达则兼济天下"的儒商境界,这也是商人在"肉体"和"灵魂"中最富足和完美的生存状态,是为从商和为人创造"双赢"的格局。

姜文在电影《让子弹飞》中霸气外漏地说:"站着就把钱挣了!"对于电影,"站着"是说政治上不苟且,艺术上不媚俗;对于企业家,"站着"就是履行好企业的社会责任。周俊吉就是那位"站着还把钱给挣了"的企业家。

你愿不愿和他站在一起?你敢不敢做一家自己梦想的企业?

第三章　玫琳凯——让大黄蜂飞得更高

> 我建立公司时的设想是让所有女性都能够获得她们所期望的成功。这扇门为那些愿意付出并有勇气实现梦想的女性带来了无限的机会。
>
> ——玫琳凯·艾施(Mary Kay Ash)

和信义房屋公司一样,玫琳凯公司案例所要呈献给读者的也是一家建立在信念和责任感之上的成功企业。直到今天,这家公司创始人玫琳凯女士的远见、勇气和永不放弃的信念都在继续为女性带来发挥才能、实现梦想的机会。在世界各地超过35个国家和地区、拥有超过240万名美容顾问的玫琳凯公司承载着玫琳凯女士的梦想和信念——鼓励、帮助女性去获得成功!

制造美丽传奇的产业

　　作者曾看过一个有趣的泰国广告片,片子讲述了一段少女的心事:略带忧伤的音乐中,一张张青春飞扬的少女笑靥让人心情愉悦。可是,其中一张面具却让人疑惑。原来这是一个脸上皮肤不光滑的女生,脸部的凹陷让她从不敢离开面具。她的生活中充满了自卑,男生们取笑她,生活也和她过不去:早晨吃奶酪,一个个洞洞仿佛在嘲笑自己;去沙滩散心,沙滩沿岸却被小动物掏出无数洞洞;怅惘时遥望月亮,却发现月亮表面和她的脸一样坑坑洼洼;无奈去拜佛祖,岁月的风化却让佛祖的脸饱经沧桑,比她更惨不忍睹!多少次默默注视心爱男孩的背影,却始终鼓不起勇气,难道今生就要这样错过!生日之际,好朋友送上某品牌修复化妆乳。女孩坚持使用,终于待到摘下面具、肤如凝脂、面如美玉的一天!正当她欲向男孩表白之际,却发现他的脸正如当年的自己,凹凸不平!顿时晕厥。

　　惊讶之余,也回味起片中化妆品的强大力量。可以说是抹灭时光之痕迹,幻化腐朽为神奇,不知帮助多少人重拾做人的自信!不管男性女性,都是视觉系生物,让人舒服的外表就是一张响当当的名片。也正因如此,在拥有庞大消费群的中国化妆品市场上,商战的硝烟从来没有停歇过。国产、外资、合资,多方背景各显神通,柜台、专卖、直销,各种渠道抢占商机。这个行业究竟水有多深,利润有多高,众说纷纭。但有一点可以确定,随着外国文化的侵入和人均收入的增长,这个"买卖美丽"的行业必将大有可为。

化妆品行业,传递的是究竟是美丽的外表,还是美丽的心情?那些美丽的使者——传递奇迹的美容顾问们是如何让她们自身永葆动人魅力?如何打造高效稳定的团队?企业常常强调的P(profit)与L(loss)难道只能代表"收益"与"损失"吗?

玫琳凯公司的掌门人曾说:"从空气动力学的角度看,大黄蜂是无论如何也不会飞的,因为它身体沉重,而翅膀又太脆弱,但是人们忘记告诉大黄蜂这些,大黄蜂不知道自己不能飞,它拍着拍着翅膀居然就飞起来了。女性就是如此——只要给她们以机会、鼓励和荣誉,她们就能展翅高飞!"

品牌故事

这是一个具有独特魅力又充满生机的创业故事。历史的大潮孕育了许多获得成功的商业领袖,可没有任何一位商业领袖像玫琳凯公司的创始人——玫琳凯·艾施女士(如图3-1所示)那样拥有如此独特的魅力。

图3-1 玫琳凯女士

玫琳凯·艾施的事业开始于一般人认为应该结束的时候。退休之前,她是美国一家全国性世界礼品公司的训练主管。即使她再优秀,同等工作,薪金往往只能拿到男性的一半,更令玫琳凯气愤的是无论她工作怎样努力,表现多么优异,她却始终被男性主宰的世界拒之门外。1963年,当她出差回来时,发现自己手下的男助理居然被提升到比她更高的职位上,她愤而辞职。

退休后,她决定写下25年工作中的种种经历,以此帮助女性在男性主导的商业社会里获得成功。她用一个月的时间列出两份清单,一份记述了以往在公司里发生的美好的事情,一份则列举过去数年来所遭遇的问题。完成之后,她惊奇地发现,自己已经规划了一个"梦想公司"!何不与男人的商业帝国一争高下?!当时很多朋友觉得这不可思议:一位45岁的妇人和区区5 000美金,就想挑战商界?这倒有了几分梁山好汉的气魄,虽跨万里,虽隔千年,也敢为不满现状铤而走险,也走出了风风火火的人生传奇!

凭着5 000美金和她20多岁的儿子理查德·罗杰斯的支持,更凭借着玫琳凯17岁就步入销售行业所拥有的25年直销经验,玫琳凯女士在1963年9月13日,一个黑色星期五,在达拉斯的一个只有约46平方米的店面里正式成立了自己的玫琳凯化妆品公司①,公司标志如图3-2所示。

图3-2 玫琳凯公司标志

玫琳凯在任期间,在两方面为玫琳凯公司的长期发展打牢了根基:一是有效的渠道模式,二是卓越的公司文化。凭着她的经验,她感受到护肤品直销行业大有可为。同时,结合当时美国男女性别工资不平等的现状,她又提出极富鼓动性的口号:丰富女性人生。

凭着她坚定的决心、努力的工作以及无私的奉献精神,这家小

---

① 资料来源:"玫琳凯"词条,http://baike.baidu.com/view/15340.htm,最后浏览日期:2013年8月7日。

型的直销公司蜕变成全美最大的美容保养品直销企业,玫琳凯品牌也成为美国面部保养品以及彩妆销售冠军。曾三度被评为"全美100家最值得工作的公司",同时被列为最适宜妇女工作的10家企业之一。

事业蒸蒸日上,玫琳凯本人,也全身心地投入社会事务中,履行她创建公司时的承诺。1989年玫琳凯首开拒绝动物试验的先例,并发起环保活动倡导保护环境;在连续资助癌症研究基金会20多年后,1993年,玫琳凯又在达拉斯的圣保罗医疗中心建立了"玫琳凯·艾施癌症研究所";于1996年建立了玫琳凯·艾施慈善基金会,帮助对抗威胁女性健康的癌症。

此外,她著书立说,将人生经验与管理心得与大家分享。其中,《你能拥有一切》一书,1995年8月上市初始就名列畅销书排行榜前茅。她的自传销量也过百万,而《玫琳凯谈人的管理》是国外许多大学工商管理专业的指定参考书。

作为一位精力充沛的演讲者、活动家和企业家,玫琳凯女士一生赢得无数奖项,包括:首位"全国直销协会名誉奖"获得者;《福布斯》杂志(Forbes)评出的"200年来全球企业界最具传奇色彩20位人物中唯一的女性"等。

2001年11月22日,玫琳凯在达拉斯的家中去世,享年83岁。这位直销行业的"皇后",以她丰富多彩的一生和令人惊叹的成就,在世界商业历史上画上了浓墨重彩的一笔。

玫琳凯中国

同为直销行业的竞争对手雅芳,首次于1990年将直销模式引入中国,之后,劲敌安利也于1992年入驻中国。但直销业一路走来,历经坎坷。自雅芳入驻中国大陆以来,直销模式没有像中国经济一样高歌猛进,而是一路风雨,经历了兴起—混乱—失控—整顿的历程。其中,直销行业最严重的危机是信任危机,它源于非法传销的肆虐。多层次直销和"老鼠会"、"金字塔欺诈"等非法传销在某些激励机制方面具有相同的形式。因此,当传销在中国千夫所指之时,直销行业也被严重"污名化"。可以说,此时的直销业,在寻求发展的道路上陷入了重重危机。

即使如此,1995年,作为玫琳凯公司在中国的全资子公司,玫琳凯(中国)化妆品有限公司(下文称"玫琳凯中国")正式营业。

玫琳凯为何青睐中国市场?最开始的原因和其他对手一样,是看到了广大的消费群体。可随着业务的深入,玫琳凯中国意识到,今天的中国如同当年的美国一样,男女之间存在着不平等,女性的潜力远没有释放!而这正契合了她创办玫琳凯的宗旨,玫琳凯公司的企业文化可以给一些落后的观念带来改进。例如,中国女性的地位通常取决于她们是否是一位好妻子、好母亲。好妻子的标准是"做饭、生孩子、伺候老公",并且愿意"吃苦"。更精确地说,调查显示中国有1/3的人认为男性天生就比女性能干;有1/3的受访人员(主要为女性)对"干得好不如嫁得好"这个说法表示认同。超过1/2的受访者认为女人的天地就是在家里。研究还表明,在中国女性承担了85%的家务[1]。

基于此,玫琳凯·艾施女士说道:"女性美,不只一面,不能仅用某一标准来衡量;相反,女性展现出多面、恒久的美——真正美丽的女性

---

[1] 数据来源:玫琳凯公司内部资料。

应当事业家庭两不误。"她还说道："在玫琳凯，'P'和'L'不仅代表'利润(profit)'和'亏损(loss)'，更代表'人(people)'和'爱(love)'。"

正因如此，玫琳凯中国的公司管理思想自此确定：以人为本，把员工置于第一位，给予员工关怀、重视、授权和激励，从而使员工发自内心地真诚为企业、顾客服务。真正做到因为女人的梦想而诞生、点亮女性的梦想、为帮助女人获得更丰富的人生而存在、丰富女性美丽生活的承诺。

自上而下的改革

这是一个在业界被广为传颂的故事，讲的是玫琳凯(中国)公司首任总裁蔡庆国(KK Chua)第一次与玫琳凯·艾施女士会面时的情景。

> 我第一次见到玫琳凯·艾施女士时，她说："对不起，蔡先生，我这家公司不是为你这样的人服务的。"我感到很失望，"我被淘汰了。"但出人意料的是，她继续说道："这家公司是为全世界的女性服务的。"这时，她握着我的手，温柔但坚定地看着我的眼睛，"作为男人，你是否已做好准备放下身段，为你的女性同事提供服务？"我思索道："我有老婆和三个女儿……这是命中注定的，我一生就是为女人服务的。"因此，我回答道："是的，我已做好准备！"

作为玫琳凯中国区的总裁，他用自己的行动很好地树立了榜样。为了对女性有更深切的认识和了解，他主动学会了如何与女性打交道。"女性是很能干的,她们通常并不需要别人的帮忙,就能解决很多问题,但是,她们需要别人的倾听。我以前不懂这个道理,是玫琳凯使我发现了管理女性的秘诀,只要你非常真诚地倾听,说一些温暖安慰的话,她们最终会把一切问题都处理得很好,而不是需要你亲自出面为她们去解决。这就是倾听的美妙之处。"因此,"倾听、倾听、再倾听"一直是玫琳凯公司多年来倡导的理念之一。

在这个"女儿国"里,要当个好国王,离不开观察和不断地总结。回忆起一个很能干的女性副总裁,蔡庆国印象很深刻,"当时我就看到她很能干,就是像个男人那样一二三四,我就当她像男人一样对待,结果突然一次她请我吃饭,而且哭着和我说需要得到一点肯定和赞美",从那时候开始,蔡庆国体会到要找对"女人的感觉",对待女性要有不同的解决问题的方式①。

虽然企业使命和指导原则是由公司创始人玫琳凯·艾施女士制定的,但玫琳凯(中国)公司的管理团队自上而下始终将其贯穿于整个决策和经营之中。玫琳凯(中国)化妆品有限公司的销售副总裁翁文芝如是说:

> 我不认为自己是团队成员或销售队伍(独立美容顾问)的上级;相反,我把自己看做她们的朋友;和大多数从事销售工作的同事一样,我自己也是一位妻子、一位母亲。我不愿意命令她们该做什么或者不该做什么;相反,我们彼此在工作和生活中都有着共同的理想和经历。通过平等沟通,我们建立了互信,增进了对彼此的了解。

---

① 《"女儿国"里的国王》,载湖南卫视网站《天下女人》栏目,http://zixun.hunantv.com/lanmu/txnr/zxxx/200803/t20080326_27833.html,最后浏览日期:2013年8月7日。

多年的成功实践经历让玫琳凯更加深信,企业的发展是由员工来推动的,只有把员工放在第一位,才能使员工形成主人翁意识,更为投入地为企业的发展作出贡献。为了保证能够持续以人为本,把员工置于第一位,并给予员工关怀、重视、授权和激励,玫琳凯将对员工的承诺固化成企业的制度。

● 优质生活保证:为员工提供公正公平且具有市场竞争力的收入和各种福利(如弹性的工作时段、健康保险、健康计划、兴趣俱乐部等)。

● 舒适安全的体系:持续优化员工的工作环境,建立完善的EHS(环境、健康和安全)体系,确保员工在工作场所的健康和安全。

● 独特文化的体验:玫琳凯中国让员工在工作中时刻感受到爱与被重视的文化氛围,通过一分钟认可、明星认可、领导力认可、感恩奖认可及周年认可等方式,最大限度地激发员工的潜能;通过内部网站、金点子信箱、员工沟通会、员工意见调查、员工年度业务会议、总裁面对面活动等渠道,为公司、业务部门和员工提供即时、双向、无边界的沟通。

● 记住每一个员工特殊的日子,给他们惊喜。对表现优秀的员工,给予及时的肯定。

● 给予员工家人福利:通过"玫好家园"、亲子夏令营、家庭关爱等项目,将爱延伸到员工的家庭。

● 员工的全面成长:利用公司的业绩循环发展流程,使员工通过参与培训、积极实践,在"品、才、貌"素质模型中不断实现个人的发展。

● 社会价值观的培养:玫琳凯中国鼓励员工积极参加玫琳凯春蕾项目、JA志愿者项目和"Love·自然·Kiss"环保计划等公益活动,承担社会责任,实现社会价值。

卓越的公司文化

"3P"理论 VS 科学管理理论

老子说,治大国如烹小鲜。治理企业也是一样。卓越有效的企业文化正如拿捏到位的火候和苦心孤诣的刀法。缺了它,凤髓龙肝也是浪费;有了它,萝卜青菜也让人食指大动。不得不说,玫琳凯中国在这方面确实是一位值得称道的大师,在很多方面,它与先贤孟子的"仁政"管理思想不谋而合,即公司人性化管理思想的出发点和着眼点是"以人为本",是以谋求人的全面发展为终极目标的管理。玫琳凯称为"3P"理论。

(1) 公司即人(of the people)。玫琳凯公司深知,直销行业最重要的资源是人和人才。把充分发挥人的潜力及调动人的积极性放在主导地位。

(2) 公司为人(for the people)。公司为满足人和社会的需要而存在和生产。玫琳凯公司坚信公司不能单纯追求利润最大化,必须为公司成员发挥聪明才智、全面发展、实现价值提供用武之地,同时也要提高员工的工作质量和生活质量。

(3) 公司靠人(by the people)。公司经营管理体制的主体是全体员工。玫琳凯公司认为一切活动要靠员工的智慧和力量。玫琳凯公司内部创造友好合作和相互帮助的企业文化。倡导"人性尊重"、实行全员管理。

整个理论使公司将员工本身当作公司的"目的"来看待,由简单地"利用人"向"培养人、造就人、满足人、发展人、实现人"的价值目标转变,从而致力于人的发展和完善,实现人的全面发展①。

这套理论看起来很迷人,但毕竟它的出发点是员工而不是股东,这会不会偏离"公司"两个字包含的意义?其中,与之针锋相对的就是历史上曾被奉为圭臬的弗雷德里克·温斯格·泰勒(Frederick Winslow Taylor)之科学管理理论体系。该体系所宣扬的是一种完全不同的管理方式。

在泰勒时代,美国资本主义经济发展很快,但由于生产混乱,劳资关系紧张,工人"磨洋工"现象大量存在,导致效率低下。泰勒认为企业管理的根本目的在于提高劳动生产率,他说:"科学管理如同节省劳动的机器一样,其目的在于提高每一单位劳动的产量。"而提高劳动生产率的目的是为了实现利润最大化。

泰勒认为,工人缺乏科学指导。因此,要科学地挑选和培训工人,科学地研究工人的生产过程和工作环境,并据此制定出严格的规章制度和合理的日工作量,采用差别计件工资调动积极性,实行管理的例外原则,即高级管理人员把日常事务授权给下级管理人员去处理,自己只保留对例外事项的决策和监督权。整个科学管理系统就像一部精密的仪器,将工人的潜能发挥到无以复加的程度,有人形容,在实行泰勒制的工厂里,找不出一个多余的工人,每个工人都像机器的一个零件,不停运转。

亨利·福特(Henry Ford)将泰勒制发扬光大。1913年,福特创造出世界上第一条流水生产线。除了完善的装配线和统一精确的通用零部件,他还创造出依靠非熟练工人在中心装配线上使用通用零件的大规模生产方式。依照"只需按工序将工具和人排列起来,以便

---

① 覃海丽:《仁政的管理思想——基于玫琳凯的案例研究》,《企业研究》2010年第16期。

能够在尽量短的时间内完成零配件的装配"的装配线工作原理,进一步降低了对工人手工技能的依赖,工人无需动脑思维就可以完成单一而简单的工作!

在生产组织方面,福特和泰勒的思想相互印证:泰勒制明确提出管理层和作业层分离,要做到科学管理;与之相对应的福特制,其生产方式的主要特点是等级分明、层层服从、部门之间没有横向联系的流水线式的线性生产组织形式。显然,在福特制中,彻底实现了泰勒制的"计划与执行分离"。

让我们看一看泰勒和老福特眼中的员工。老福特认为:"要降低部分工人的思考的必要性和将工人的移动次数减至最低,因为工人移动一次只可能做一件事。""我们希望工人只做那些要求必须做的事情。组织是高度分工的,一部分与另一部分是相互依赖的,我们一刻也不能允许工人按他们自己的方式来工作,没有最严格的纪律,我们就会陷入极大的混乱。"

这种管理方式虽然缺乏人文精神,但在当时的社会却是一个进步。泰勒首次运用科学方法和科学实践精神将管理从经验上升为科学。同时,讲求效率的优化思想和调查研究的科学方法使一系列提高生产的技术和方法被创造和发展,如时间与动作研究、技术和差别计件工资制等。与传统管理相比,前者靠科学地制定规程和改进管理,后者靠拼体力和时间;前者靠金钱刺激,后者靠饥饿政策。从这几点看,科学管理有了很大的进步。

对泰勒的许多假设,仍然有很多有力的质疑:他认为工人的主要动机是经济的,工人最关心的是提高自己的金钱收入,即坚持"经济人"的假设。他还认为工人只有单独劳动才能好好干,集体的鼓励通常是无效的。同时,泰勒忽略人之为人的特点以及团体协作的优势,使泰勒制仅解决了个别具体工作的作业效率问题,而没有解决企业作为一个整体如何经营和管理的问题。

历史证明了泰勒制的缺陷。在以美国为代表的资本主义社会,泰勒制使企业极大地提高了生产率,迎来了著名的"柯立芝繁荣"[1]。然而,整体社会生产的无计划性使快速提高的生产率孕育出经济结构的不协调,1929—1933 年,以生产过剩为标志的大危机迅速爆发。其中,推行泰勒制比较早也比较好的国家,恰恰最先受到经济危机的冲击,所受的破坏也最为严重。这在某种意义上反映出泰勒制的根本缺陷。资本主义国家推行泰勒制是在企业微观层面进行的,微观的计划性越强,整个社会生产上的无政府状态也就越剧烈[2]。

这种矛盾最突出地表现在幽默大师卓别林的《摩登时代》(Modern Times)中,这部片子深刻地反映了泰勒制时代的社会现实。大工厂流水线的生产方式毫无人性,一切都是为了效率和利润,连工人的吃饭时间都被剥夺,好让他们能腾出手脚继续干活。种种做法都是为了不择手段地获取工人的剩余价值。

这样无人道的生产方式难道就是公司的最终归宿吗?当整个社会将效率追求到极致之时,真的取得了效率吗?反观历史,那是一个充满变革的激情却又残酷的年代,我们为先行者探求管理科学的奋斗致敬。然而,何处是尽头?清初名居士周安士研读佛学多年,曾言:"人心者,至公至当之心,即苏子所谓'不言而同然'之情也。人心所在,即天理所在,故须顺之。"用今天的话说,就是人心趋同,顺了人意,自然就从了天理,也就找到了真谛。

---

[1] 第一次世界大战后,美国的经济得到了飞速的发展。这一时期,恰巧在总统柯立芝任期之内(1923—1929 年),所以,美国这一时期的经济繁荣又被称为"柯立芝繁荣"。

[2] 资料来源:"科学管理"词条,http://baike.baidu.com/view/117670.htm,最后浏览日期:2013 年 8 月 7 日。

以人为本的成功法则

再回到玫琳凯公司,心中是不是添了几分平静与温暖?当玫琳凯公司决定将员工的成长和社会的发展也作为公司的使命时,这值得整个社会致敬。

在玫琳凯公司中,为了让美丽顾问们充满正能量,玫琳凯首创著名的"成功三大法则"。正是这"三大法则"的施行,让员工从心底感受到公司与自身的紧密关系,从而更积极工作,忠诚不二。

(1) 黄金法则:你希望别人怎么对待你,你就怎么对待别人。这也是孔子提倡的"己所不欲,勿施于人",同理心是也。这是玫琳凯公司的金科玉律,也是其每一个领导人在做人事管理工作时的准则。它主要体现在以下两点:一是独特的组织结构。在玫琳凯,只要你达到一定的销售量或者有了培训成绩就可以晋升。二是公平待人。玫琳凯的管理人员要给予美容顾问相同的支持、培训,给予其充分发挥个人才能的空间。

(2) 生活优先秩序:信念第一、家庭第二、事业第三。玫琳凯中国体会到,美容顾问的社会责任感和价值趋向、对生活的感悟和理解因人而异,因而作为一个纯女性公司,玫琳凯公司倡导的生活理念更多地强调家庭的观念,美容顾问的爱心首先应该体现和传达在自己家人的身上。这种均衡的生活方式在中西方传统文化中推崇备至。玫琳凯公司许许多多成功的案例表明,家人的支持对美容顾问的成长是何等重要。成为美容顾问为的就是将爱的信念奉献给家人和社会。

(3) 乐施精神:如果我有一个点子,你也有一个点子,我们互相分享,大家就有了两个点子。玫琳凯以"乐施"的方式关心和帮助他人,在对待所接触的每一个人时,都会让对方觉得:自己是重要的,并且乐于赞美别人。乐施精神让员工之间仿佛亲人,互相关怀互相帮助,工作的效率效果也相应提高。

玫琳凯·艾施女士曾说道:玫琳凯公司所取得的成功远远不是金钱、一幢幢高楼和企业资产所能概括的。公司真正的成功之处在于它能改变女性的生活,让她们对自己的生活充满希望。

但是,这条路并不好走。翁文芝回忆起玫琳凯(中国)公司最初几年的艰辛。

在玫琳凯(中国)公司的最初发展阶段,我们经历了一段艰难的岁月。公司的经验和人力资源都相当匮乏;在中国实施这个新业务模式方面,我们没有规则或方针可循……一切都要靠我们赤手空拳地建立起来。蔡庆国树立了良好的榜样,他向我们灌输玫琳凯·艾施女士的理念:他告诉我们玫琳凯是一家关爱员工的公司。一开始,我并不相信这一点,因为我之前一直认为公司仅仅就是工作的地方,工作必须放在第一位,其次才是关爱和家庭……当时,我发现蔡庆国的办公桌上放置着家人的照片,而且他也愿意和我们谈谈他的家人,甚至还让妻子协助我们完成工作。

我加入玫琳凯(中国)公司的时候还很年轻,没有经验。但出乎我预料的是,没有一位同事摆架子。公司信任我,派我管理工厂。在我工作的时候,上司没有对我发号施令;相反,他很乐意提出自己的看法,并且主动提供帮助,把工作做完。我开始意识到这家公司的与众不同。我感到自己得到了公司的关心和爱护。玫琳凯就像温暖的大家庭一样,我对于公司有着深厚的感情,于是下定决心与公司一同成长。

玫琳凯中国组建之时,其他对手也都在设法加快发展,行业内流行着从其他公司挖走人才的风气,希望借此能节省大量成本和时间。但玫琳凯中国的战略却是通过招聘来逐步壮大员工队伍。这些员工必须在技能和理念上与公司的要求相吻合,并且愿意长期为公司效劳。

时任玫琳凯中国区总裁的麦予甫先生坚信,公司的人力资源政策必须反映企业价值观和企业文化。因此,公司非常重视对员工的挖掘和培养。麦予甫解释道:

> 我们公司在致力于加强企业文化、提高运营效率、提升企业形象的同时,还要求员工具有正确的性格、技能和形象。这些符合我们公司的目标,也体现出公司目标和个人目标的统一。在我们对员工提出的这三项要求中,性格最为重要。只有性格对路,员工才能得到发展。

为了恪守玫琳凯·艾施女士倡导的"所有女性都能够获得她们所期望的成功"的信条,玫琳凯招聘的独立美容顾问包括社会各阶层的女性。招聘时不分背景、年龄或学历,任职之后,公司都愿意积极提供帮助。她们中许多人之前都是家庭主妇,玫琳凯给予她们机会通过弹性的工作实现经济独立,甚至成为家庭的顶梁柱。翁文芝解释道:

> 如果推销员很能干,公司就会考虑给予奖励,给她加薪。但销售额绝不是唯一因素。针对独立销售,我们拥有一套严格的监督和评估系统,确保她们的行为符合道德规范,遵循公司的价值观。如果她们的行为不符合道德规范或者我们收到客户的投诉,她们在玫琳凯中国的前景必将黯淡。

玫琳凯公司的美容顾问熊女士回忆道：

婚后不久，我丈夫突患重病，治疗需要大笔资金。我急需一份弹性工作，这样我就可以照顾丈夫、母亲和儿子。我之前的一份工作无法负担生活和医疗费用。仔细考虑了自己的处境之后，我决定加盟玫琳凯。玫琳凯让我有机会扮演另一种角色，体验另一种生活。现在我所做的既是为了我自己，也是为了我所爱的人。

玫琳凯（中国）公司的一位明星美容顾问唐女士说道：

我过去一直认为金钱是第一位的，但玫琳凯让我认识到尽管金钱不可或缺，还有比金钱更重要的东西。其他一些公司曾经高薪聘请我为他们工作，我想也没想就一口回绝了，因为我与玫琳凯有着共同的价值观，而他们却没有。

卓越的企业文化和职业道德为玫琳凯打造了一批又一批忠诚的精英美容顾问。同为直销业翘楚的安利中国董事长郑李锦芬女士曾这样表示："我坦率地承认这样的事实——安利公司的美誉度达到77%，安利产品美誉度达到88%，但讲到直销员可能只有60%。"[①]在直销员培训方面，安利中国算是一个优秀的先行者了，曾斥资2亿元打造培训系统，然而就连安利都承认直销员的公众美誉度不高，可见在直销行业，拥有忠诚且优秀的直销员是一笔多么难能可贵的财富。

---

① 《化妆品直销"反周期"启示》，138job 中国美容人才网，http://www.138job.com/shtml/Article/08908/44870_2.shtml，最后浏览日期：2013年8月7日。

基于提升员工素质打造组织能力

除了通过网络直接预订产品之外,目前玫琳凯产品的主要销售模式仍然是直销。直销模式是以面对面销售商品和服务,绕过传统批发商或零售渠道,直接从顾客接收订单的一种方式。创办之初,选择直销模式,即是无奈之选,亦为明智之举。当时玫琳凯支付不起昂贵的销售费用,于是通过招聘"独立美容顾问"伙伴——无需进行面试或聘用,也不必支付薪水或福利——与她们签订合同作为获取报酬的独立创业者使公司起步。

为了让玫琳凯的产品对经销商更有吸引力,美容顾问只需付零售价的50%购买整套产品,而这远远低于一般的直销公司,使许多妇女从中更多地受益。同时也使公司避免了直销业的一大困扰——高昂的进货费用导致坏账累积。有效的组织结构设计和激励机制迅速带来了回报,创立第一年,在十几个美容顾问的共同努力下,销售收入达到20万美元,第二年迅速上升到80万美元,并且拥有了由3 000名女性组成的销售队伍。

延续着组织创新的传统,玫琳凯中国坚信没有最好的奖励制度,只有更合适、更创新的奖励制度。作为一家直销企业,奖励制度是激励工作积极性的关键。在同行中,许多高阶业务员总是这样"激励"伙伴:做直销一定要经历四个阶段,即从多劳少得、多劳多得、少劳多得,到终极的"不劳也得",但是很多刚加入直销业的新人常常就死在"多劳少得"的阶段,因为无法感受奖励制度的作用,不清楚自己辛苦的付出到底能得到什么。当行业内其他公司依然坚信激励员工主要靠金钱时,玫琳凯公司用事实告诉我们,用责任和激情来激励事业伙伴会更长久、更高效。

周五深夜,玫琳凯(中国)化妆品有限公司的销售副总裁翁文芝接到了同事打来的电话,请她参加正在召开的一场电话会议。这时,各个部门的同事已经开始讨论。会议气氛非常紧张,大家正在就这样一个突发事件各抒己见:促销活动结束后,订单猛增,很容易导致脱销。经过讨论他们找到了解决办法:告知销售人员哪里急需订单,然后相应地在全国范围内进行商品调配。正是凭借高效的跨团队沟通与合作,公司预见了这场危机,并在短短一小时内将危机化解于无形。

更让人惊讶的是,这场电话会议的发起人并非公司的某一位管理人员,而是运营部门的一位普通员工。而且那天恰好是这位年轻人结婚的大喜日子!偶然发现这个正在逼近的危险后,他没有多想就决定回公司,召集同事在半夜召开这场会议。各组织层级的所有业务部门携手寻找解决方案。第二天就是周末,然而所有相关人员都到公司上班。翁文芝说道:

> 类似的情况还有很多,这只是其中的一个。从指出问题到找到解决办法,我们从未遇到过官僚主义的羁绊。对于加班,我们从来没有抱怨过,因为这是解决问题的需要。加班的决定并不是由老板做出的,而是自发的,因为我们感到自己有责任这么做。正是责任和激情激励我们努力工作。

这段话展示了玫琳凯公司组织结构扁平化的历程。结构扁平化,即通过减少行政管理层次,裁减冗余人员,从而建立一种紧凑、干练的组织结构。它可以加快信息传递速度,使决策更快、更有效率,同时,人员减少将使企业成本更低,更重要的是扁平化使得企业的分权得到了贯彻实施,每个公司员工不再是单纯的打工者,而变成参与者:有了更大的自主权可以进行更好的决策。这种高效、平等、协作的工作态度,成为玫琳凯发展中重要的助力器。

卓越的企业文化,"以人为本"的组织设置,以及有效的激励机制是玫琳凯得以高速成长的"三驾马车"。正是基于通过对人的重视而获得的公司组织能力,玫琳凯中国在运营和管理层面实现了"无缝整合"。公司人力资源总监袁纯(Wendy Yuan)解释道:

> "无缝整合"意味着组织内部各部门间高效的沟通/合作以及积极主动的工作态度。有了"无缝整合",我们就能最大限度地利用组织资源,这得益于公司内部良好的沟通和出色的培训。借助"无缝整合",公司能够以一个有机的整体开展运营,迅速应对新的形势和挑战,不管是发现一线供应短缺等具体问题,还是在执行团队成员的帮助下解决问题。

为了巩固这种"无缝整合",以及与销售队伍建立高效的沟通,玫琳凯(中国)公司向员工和销售代理商开设全面的培训课程。除了让他们掌握必要的技能和熟悉公司的产品线以外,这些课程的主要目标就是向他们灌输玫琳凯的价值观,确保他们能够向消费者提供优质服务,树立良好的企业形象。

创造人文、高效的组织环境

如"无缝整合"的管理创新一样,在玫琳凯中国公司还可以找到很多管理创新的例子,因为当人的主动性被调动起来之后,组织的创新能力也就自然而然地得以提升。麦予甫说,创新是要在公司中营造创新的文化氛围,激发员工的积极主动性和创新意识。为此,公司成立了一些创新小组,也给小组核心成员做一些创新培训,然后各个创新小组再讨论。一旦有了好的创新建议,很快会得到公司的认可。以下是玫琳凯公司的创新举措。

● "全面健康"计划:"全面健康"就是不仅关心员工的身体健康,而且从"全人"的角度全面关心员工。"全人"指身体、情感、头脑和灵魂四个方面,员工只有这些方面都是健康的,才能称为"全面健康"。"全面健康"涉及员工身体、饮食、阅读、参与环保公益等活动。玫琳凯从号召员工每天喝8杯水开始推广"全面健康"计划,有实施规划,有检查。

● "组织变革管理"(OCM)计划:这一计划的推出目的在于让组织随形势变化而不断变革。人力资源部在推广这一计划过程中发挥了重要作用,让员工充分理解、接受和主动投身OCM计划。玫琳凯把"沟通"作为克服员工对OCM计划有所顾虑的法宝。在做任何变革时,公司都要向员工充分讲清楚为什么这样做,不做会有什么问题发生,员工如何参与。充分沟通的结果使员工面对变革时不是被动应对,而是积极参与,通过大家相互分享经验,员工变成了变革的推动者。

● "卓越领导力"项目:在金融危机席卷全球之际,玫琳凯中国把"卓越领导力"项目作为重点推进,希望通过"卓越领导力"项目成为领导力驱动公司。麦予甫认为,领导力不仅是管理人员的领导力,也包括每位员工。要成为卓越组织,必须有卓越员工。每位员工都可以在各自领域成为卓越领袖,激发激情,点燃别人。从这个角度看,领导力更多体现的是一种角色和使命。正基于此,玫琳凯的每个员工都可以报名参加领导力计划,公司设置了一整套培训保障体系。

● 借助"七个习惯"(seven habits)等培训课程以及"CREAM"方针①,玫琳凯(中国)公司鼓励各级员工认真思考一个问题——"身为女性,我的人生目标是什么?",并且将自己的个人目标与企业使命、愿景和价值观紧密联系在一起。通过这些培训课程,公司还向员工强调积极主动、乐善好施、勇于创造、团结协作和诚实正直的重要性。

公司首席行政官杨泽生(Janet Yang)深情地讲述她在公司的经历:

> 如果拥有了世界上的一切,身边却没有一个亲朋好友,你又有什么快乐可言?我们生活和工作的真正目的就是为他人服务。给他人提供帮助后,你难道感受不到发自内心的快乐吗?
>
> 在加盟玫琳凯(中国)公司前,我在一家国企和外企分别工作了20年和14年。在我加盟公司后,事情发生了改变:公司的价值观与我个人的价值观相吻合;企业文化鼓励我成为真正的自己,追求个人的价值观,成为自己想要成为的那种人。公司弥漫着一股相互关爱、追求诚信的气氛。你开始相信你所付出的种种努力不仅是为了公司,而且还是为了自己:一些曾经离开玫琳凯的员工在其他公司工作一段时间后又回来了,因为他们发现玫琳凯远比其他公司更适合他们。

与许多公司仅仅把员工视为公司最大的财富不同,玫琳凯中国把员工看成公司使命的一部分,把员工的全面发展视为公司的

---

① CREAM 指的是沟通(Communication)、认可(Recognition)、教育(Education)、活动(Activity)和激励(Motivation)。

目标之一。麦予甫表示:"只有员工全面发展,公司才能全面发展。"

麦予甫进一步解释说,在把员工发展视为公司目标后,公司内部就不会存在等级界线,大家共同组成了一个整体,没有高低之分,只有分工不同;同时,员工对公司的使命、长久经营目标、短期业绩目标都很清楚。而员工只有了解和认同了公司的使命,才会通过自身主动的努力实现公司目标,从而实现自己的人生价值。

为此,玫琳凯中国早在2000年前后就实行了弹性工作制,员工上班不需要打卡。有的员工由于家庭、交通等问题可能上午10点才到公司,但每个员工都十分清楚自己的职责所在,会全身心地投入工作,工作效率反而一直保持在高水平。

即使在金融危机时,玫琳凯中国的人均培训费用为每人每年5 400元,每年的增长率都达到了两位数。令人满意的是,这种投入最终取得了丰硕的成果。截至2009年6月,玫琳凯中国的销售收入不仅没有因金融危机而下滑,反而比上年同期增长了30%[①]。

玫琳凯(中国)公司视员工之成就为自己之成功。上海分公司的墙上贴满了优秀推销员的照片——她们的年龄在27岁至62岁之间。玫琳凯(中国)公司每年都为优秀推销员和她们的丈夫提供一次海外旅行和培训的机会。

总结:以人为本的成就

和第二章的信义房屋一样,玫琳凯的经营理念中"人"被看做重

[①] 数据来源:玫琳凯公司内部资料。

中之重。对员工的责任也是企业社会责任的重要组成部分。不得不说,玫琳凯(中国)公司分别在2003年和2011年被《财富》评选为"卓越雇主——中国最适宜工作的10家公司"是实至名归。它用一举一动践行着自己把员工成长视为公司目标的承诺,闪烁着人性的光辉和管理的智慧,原来"公司"两个字也可以那么温暖可亲。对员工的尊重和员工需求的了解也使玫琳凯获得了员工的巨大工作动力,促成了企业的成功。人之为人,不论科技如何进步,技术如何发展,始终都有着强烈的情感和社会诉求,在这一点上,马斯洛的需求层次理论很好地阐述了这一人类与生俱来的"阿喀琉斯之踵"。

在马斯洛的需求层次理论中,个体成长发展的内在力量是动机。而动机是由多种需要所组成,各种需要之间有先后顺序与高低层次之分;每一层次的需要与满足将决定个体人格发展的境界或程度。他将需求分为生理上的需求、安全上的需求、情感和归属的需求、尊重的需求、自我实现的需求(如图3-3所示)。求知需要和审美需要则位居于尊重需求与自我实现需求之间。

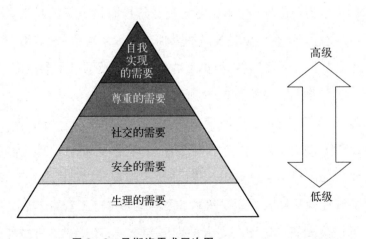

图3-3 马斯洛需求层次图

其中,生理需求与安全需求是保障正常生活的必要需求,不同个体之间的境界不同主要体现在后面三个需求的满足情况。

五种需要可以分为两级,生理上、安全上、社交上的需要都属于低一级的需要,通过外部条件就可以满足;而尊重和自我实现是高一级的需要,需要内部条件的催化,而且人对尊重和自我实现的需要是无止境的。同时,在人自我实现的创造性过程中,可以产生出一种所谓的"高峰体验"的情感,这个时候是人处于最激荡人心的时刻,是人的存在的最高、最完美、最和谐的状态。

对很多的企业的管理者而言,能够满足员工的生理、安全、社交以及部分尊重需求,已经觉得做得很到位了,殊不知如果无视员工自我实现的需求,企业的人力资源能力会遇到无法突破的瓶颈。根据马斯洛的理论,某一层次的需要相对满足了,就会向高一层次发展,追求更高一层次的需要就成为驱使行为的动力。相应地,已经获得基本满足的需要已经不再是一股激励力量。

这很好地解释了为什么公司中许多人才成长以后会选择跳槽,企业经营者不要总是埋怨离开的员工"忘恩负义"。面对离职率,企业家们也应当扪心自问,企业究竟应当怎样看待员工?对于员工来说,企业经营者和企业家是要做居高临下地发号施令的"老板"和"监工",还是对员工平等对待、给员工尊重信任以及同创发展空间的"领导者"和"引路人"?(如图3-4所示)

越来越多的企业开始使用关键表现指数(key performance index,简称 KPI)管理模式对员工进行管理,不达标者可能会直接失去工作。如同科学管理理论一样,绩效管理有其优越性,然而这看似公平的管理模式把人看做是等待审核检验的"打工者",无形之中让员工觉得公司绩效远比公司人的发展要重要;此模式的机械性也会对公司造成伤害——例如失去一些优秀的员工。往往有绩效出众的员工选择离开,原因多数是因为绩效只给他们带来了经济地位,他们

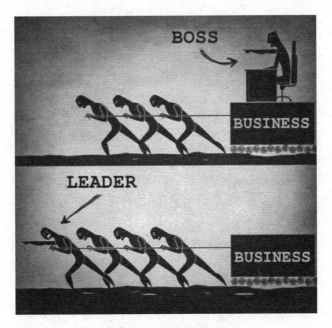

图 3-4 老板和领袖的区别

却再难以从组织中获得更高一级的认可和尊重,也就是说,他们觉得自己的工作没有了意义和价值。

如果企业拥有了素质能力优秀的员工,何不怀着爱心、带着责任感来对待他们,锻造他们?不要总是想着员工要为企业做什么,也要想想员工凭什么为企业做什么,就为在企业赚一份工资来养家糊口吗?优秀的企业不是甘心停留在生存层面的组织,优秀的企业应该有能力来担负起带领员工共同发展的社会责任。

现在,如果有人问你,玫琳凯中国的销售额增加到原来的 42 倍,但员工只有原来的 3 倍。区区不到 700 人的团队,是如何高效管理并支持遍布全国的数百万名销售人员的?你一定知道答案。

以人为本、用爱心和责任感去工作,这就是大黄蜂展翅翱翔的秘密。

附录：玫琳凯十大管理策略[①]

1. 管理中的黄金法则是：你希望别人怎样对待你，你就应该怎样去对待别人。

2. 公司和人才是一个整体，一家公司的好坏只取决于该公司的人。要千方百计地挽留真正有价值的人才。

3. 领导的速度就是众人的速度。称职的经理以身作则；身教胜于言教。

4. 要善于吸纳下属参与公司改革。要相信人们会支持自己帮助建立的东西；要设法取得各方面的支持。

5. 帮助别人如愿以偿，你自己也将如愿以偿，经理的成功体现在部下的成功之中。

6. 热爱工作。越热爱工作，干劲就越大，精明的经理千方百计地做到人尽其才。

7. 决不拿政策做挡箭牌或摆架子。不要只宣布公司的政策而不解释制定政策的理由；经理的成功要依靠全体人员的共同努力；精明的经理之所以能够取得成功，是因为他能发掘和激励他人的积极性。

8. 掌握听意见的艺术。要鼓励下属反映意见，并遵循三个原则：即听他们发表意见、感谢所有来信和适当表扬一切有参考价值的建议。

9. 重视热情的巨大作用。没有热情，任何工作都无法开展；称职的经理能够始终保持高昂的工作热情，并激发整个团队积极工作。

10. 无论工作时间还是工作之余，都必须按第一条所说的金科玉律办事。

[①] 整理自〔美〕玫琳凯·艾施：《玫琳凯谈人的管理》，陈淑琴、范丽娟译，中信出版社2006年版。

第四章 朗诗地产——中国绿色地产先锋

有一个问题是所有企业都必须思考的，就是企业差异化竞争的优势到底在什么地方，这种优势是你的竞争对手所难以复制的。我觉得朗诗一直在思考这样的问题，如何围绕自己的核心竞争力形成企业的发展战略——他们现在能够紧紧地抓住节能、环保、绿色这个主题，来打造企业的核心竞争力。这是个非常好的思路，对在思考如何转型的其他企业有借鉴作用。

——中欧国际工商学院经济学教授　许小年

如果说近些年在中国有一个最被关注的产业，那么不少人会想到房地产。因为衣食住行是人们求生存、求发展的头等大事，而中国人的观念中安居才能乐业，有了房子有个"窝"才有了份安稳。如此说来，给人们盖房的房地产企业应该是受人爱戴的，然而节节攀升的房价不仅仅让"安居"变成了"蜗居"，而且接连不断的媒体负面报道也总是让中国消费者对房地产企业打上一个个问号，甚至在一些消费者心中那些房地产企业的形象就是玩着猫腻、拿着暴利、唯利是图、偷工减料、没心没肺没责任的地主南霸天。而此章所要展现的一家房地产企业却非如此，它不仅用绿色的产品给房地产产业注入了一股清流，也用"为人造房"和"为客户提供环保舒适的家"的理念奠定了自己的发展基础。

绿色的开端

从 2001 年在南京创办至今,朗诗地产已经发展成为中国绿色房产市场的龙头企业,朗诗节能环保舒适的住宅产品,如同生命力旺盛的绿色嫩芽,在更加广阔的区域市场生根成长。

这样一家在创办之初显得那么不起眼的普通房地产企业,究竟是如何在短短几年中迅速发展壮大并成就自己特色的呢?

为了回答这个问题,我们必须走近朗诗的创立者,"朗诗军校"的"校长"田明。现任朗诗地产董事长的田明回忆他创业的心路:"朗诗地产的不同之处源于企业的 DNA 和企业价值。我创办这家公司的初衷并不只是为了赚钱,同时也为了做些特别的事情。"

回顾朗诗的发展历程,朗诗所做的"特别的事情"就是较早地去开发绿色住宅,并将"绿色理念"确定为公司的发展战略;而朗诗与众不同的企业 DNA 和企业价值则表现为对企业社会责任的追求。朗诗地产设定的价值理念是:人本、阳光、绿色、进取以及创造人居价值。假若朗诗没有秉承这样具有社会责任的企业价值观,它不会乘势发展为当今的龙头企业,甚至会在市场出现拐点的时候衰败凋亡。正是朗诗的绿色战略给予了它持续发展的动力。

可以说,无论房地产市场是繁荣的雨林还是荒芜的戈壁,朗诗具有企业社会责任感的价值理念是它赖以生存和持续发展的水源。

2001 年,朗诗地产董事长田明用 1 000 万元人民币的注册资金创办了朗诗房地产公司。作为一个新兴的房地产公司,朗诗自然无法与万科、保利等房地产大鳄相提并论。田明完全可以像其他企业一样选择安全、可靠的经营策略：通过采取传统的经营方式，在繁荣的中国房地产市场中赚个盆满钵满。然而，朗诗的决策层经过冷静分析，发现这种发展模式背后隐藏着深刻的危机，蓬勃发展的地产业背后暗涌的是业内人士普遍的浮躁心态。在当时，大部分房地产商都遵循着"规模扩张"和"土地增值"的粗放式经营模式。大部分楼盘只注重规模而并不重视住宅的质量，这样的发展模式只能"得意一时"，却不能维持企业的长久发展。朗诗如果想要异军突起，在中国房地产市场占有自己的一席之地，就必须另辟蹊径，开辟属于自己的道路。而朗诗独特的企业价值理念也不会允许朗诗在房产市场上随波逐流。

在种种机缘巧合之下，朗诗地产摆脱了"圈地＋圈钱"的传统道路，走上了"绿色住宅"这一新的战略道路。

朗诗地产刚成立不久，田明无意之中了解到绿色建筑的理念。2002年，田明参观了中国最早的两个绿色房地产项目——北京锋尚国际项目和万国城项目。这两个项目的"新鲜空气系统"、"绿色住宅技术"以及绿色住宅的理念给他留下了深刻的印象。

田明当时是这样想的："中国几乎所有的建筑都属于高能耗建筑，建筑能耗约占中国能源消耗总量的30%。因此，节能建筑不仅符合国家节能和可持续发展的目标，而且是中国房地产市场中全新的理念和'蓝海'战略，因为现在正在做绿色住宅的房地产企业并不多。"

经过这次考察，田明深受启发，他认为这就是他以前一直苦苦思索的公司应该做的"有价值的事情"。不久之后，他便开始向国内外同行学习绿色房地产项目的各种经验，并咨询了业内的许多专家。后来，他认识到绿色住宅技术并不是很难得到，真正的挑战在于：如何有效整合各种绿色住宅技术,为中国消费者量身打造"绿色概念"和"绿色解决方案"。当时,中国房地产开发商纷纷涌入房地产市场蓬勃发展的"淘金热",很少有企业关注绿色住宅,更无心坚持打造绿色住宅开发能力。在这种情况下,朗诗决定抓住机会,实施自己的绿色住宅计划。

中国住宅的能耗情况

中国的建筑规模巨大,发展迅速。我国GDP只有全世界的4%,但每年建筑竣工面积超过世界各发达国家每年新建建筑竣工面积之和。北京和上海的建筑规模相当于整个欧盟建筑面积的总和。中国的年建筑规模是世界上最大的。但是,如此庞大的建筑规模中的绝大部分是高耗能建筑。在我国既有的400多亿平方米城乡建筑中,99%为高耗能建筑,数量巨大的新建房屋建筑中,95%以上还是高耗能建筑[①]。

我国建筑能耗连同维护结构材料生产能耗占全国能源消耗总量的27.6%。居民住宅的能耗占了总建筑能耗的一大部分。仅就夏季空调能耗一项来说,随着家用空调在城市中的普及,空调用电量大幅增加。在朗诗创办不久的2004年夏季,大量新空调的使用造成城市用电负荷屡创高峰,导致24个省市拉闸限电。除了居民住宅能耗,政府机构能耗数量也非常巨大。在2004年对北京市市、区的54个政府机关能源消费调查,结果显示:单位建筑面积年耗电量达到80 kW·h/m²—180 kW·h/m²,为居民住宅的5—10倍。北京的很多大楼是

---

① 王绍平:《我国的建筑能耗状况》,载《山西建筑》第33卷,2007年12月第35期。

典型的能源杀手。在这种建筑中办公的工作人员的人均耗能一般是普通居民的 20 倍①。

中国面临的建筑高能耗状况与房地产商的粗放的经营模式有着很大关系。在房地产市场繁荣时期，房地产商只注重短时期内扩张规模，而忽视了住宅的品质问题。从而导致大量高能耗建筑的出现。此外，当时政府的环保意识也并不是很强，没有约束和规范建筑的能耗。

随着城市化的推进、房屋面积的不断增加、居民家电品种数量的增加以及人们对建筑舒适性的要求越来越高，建筑能耗的持续迅速增加是不可避免的趋势。如果继续任由大力兴建高耗能建筑，能源供应将难以为继，这势必影响社会的环境保护建设，甚至危及子孙后代的生存。

首战告捷

在这样的背景下，朗诗内部经过激烈的讨论，最终决定开发他们的第一个绿色住宅项目。我们不妨来详细回顾一下朗诗是如何打响自己绿色战役的第一枪的。

2003 年，朗诗刚刚结束了最后一个常规开发项目，就在政府公开招标中成功竞标一块土地。这块土地的地理位置并不好：远离市区，周边的配套设施也不完善。拿到这个存在诸多劣势的新项目后，田明开始考虑：我们何不从这个项目开始尝试绿色开发呢？为了克服地段劣势，我们何不通过采用绿色技术和系统来提高这个项目的

---

① 王绍平：《我国的建筑能耗状况》，载《山西建筑》第 33 卷，2007 年 12 月第 35 期。

吸引力？

几乎所有的同事都反对田明的提议。持反对意见的人认为：对于一家没有任何绿色开发经验的企业而言，开发全新的绿色项目风险和成本都太高了。还有人提出，这块新购土地的成本并不高，如果按照朗诗地产之前的常规开发模式，这个项目实现盈利并不难。而此时，田明对于自己的计划也不是很有信心，他主要有两个方面的顾虑：首先，虽然如今"绿色理念"已发展成为一种世界潮流，但中国消费者是否认可绿色住宅功能，并愿意支付更高的价格？其次，朗诗地产是否有能力实施这样的创新项目？

尽管存在诸多不确定性，田明还是下定决心并成功说服公司董事会和管理层，启动了朗诗地产首个绿色开发项目。田明回忆道："正是开拓进取的精神促使我做出如此艰难的决策，我始终坚持'通过创新和竞争促进变革'的理念。另外，与那些实力雄厚的竞争对手相比，朗诗地产在资源方面并没有什么优势。如果朗诗地产不抓住机会变革，那我们未来的经营将面临很大的困难。"

朗诗地产副总裁谢远建讲述了下面的过程。

> 虽然一开始我们对新项目并不是很有信心，而且还和田总有过争论，但一旦做出最终决策，我们就会目标一致，朝着共同的方向努力，有条不紊地如期完成绿色项目。朗诗地产的执行能力非常出色，在公司上下的共同努力下，朗诗地产首个绿色项目得到了有效实施。公司对所有资源进行了重新分配，以实现朗诗地产首个绿色的目标。

但是，管理团队还面临另外一个问题：这个项目的时间非常紧张，从项目开始到项目完工，他们只有半年时间。谢远建主要负责项目设计,将绿色技术融入建筑中。他带领设计和工程团队前往德国、法国、瑞士和奥地利,向各国一流企业学习各种绿色技术。但他们仍然感到有些担心,因为在将这些技术本土化并融入朗诗地产自己的项目的过程中,他们面临的难度和挑战更大:西方的绿色住宅技术基于不同的地理和气候条件开发而成,与朗诗地产面临的实际环境差别很大。针对某项技术或设计的每一个细微变动都会造成整个绿色住宅体系的调整,从而增加项目的复杂性和成本。另外,谢远建及其团队也不清楚中国消费者希望他们的住宅配备哪些"绿色功能",因而朗诗地产只能摸着石头过河。

朗诗地产的首个绿色房地产项目最后定名为"朗诗国际街区",样板房于2004年12月建成。两个月后新春佳节来临前夕,这个绿色项目正式开盘销售。一般而言,房地产开发商不会选择在春节这个最重要的节日期间开盘,因为在此期间,中国人习惯与家人团聚,但朗诗地产迫于成本压力不得不选择此时开盘。公司将全部资源都投入这个新项目,如果最后的销售业绩惨淡,他们可谓全无退路。

由于绿色成本增加,朗诗国际街区的价格甚至高于附近的高端楼盘。另外,当时的市场需求受到政府新推出的宏观调控政策的抑制。在资源有限的情况下,朗诗地产必须找到有效的新产品销售方式。最后,销售团队采用了样板房销售的模式,通过样板房展示,在潜在客户中留下了良好的印象,并为他们提供全方位高科技和绿色环保的体验。

> 朗诗国际街区的一位住户表示:"当时正是寒冬时节,天寒地冻、阴冷潮湿。当我走进朗诗地产的样板房后,室内的环境给我留下了很深的印象:样板房内不仅温暖如春,而且空气湿度适宜,与外面的天气状况形成了极大的反差。"

出人意料的是,该住宅项目从销售的第二阶段开始,销量突然出现大幅增长。朗诗地产南京区域公司总经理回忆道:

> 春节期间,我们只安排了少量的销售人员负责接待来访客户,但结果大大出乎我们的预料,后来来了许多看房的客户,很多人都决定要买我们的房子……之后我们经过调查发现,大约有70%的客户都是由家人、亲戚和朋友介绍过来的,而他们的家人、亲戚和朋友都是我们的老客户。

朗诗国际街区的绿色项目最终取得了巨大的成功,并为朗诗地产赢得了绿色开发商的口碑。另外,良好的销售业绩也大大提升了整个公司的士气。朗诗地产接下来的项目也采用相同的方式,积极打造绿色住宅,积累了丰富的相关开发经验,进一步提升了公司的市场份额。2005年5月,朗诗地产将"绿色理念"确定为公司的战略方向,他们计划投入大量的企业资源,为消费者打造节能、舒适的住宅。虽然朗诗地产并不是中国首家绿色房地产开发企业,但他们专注于绿色住宅创新和本土化方向,并不惜投入大量资金,最终发展成为这一细分市场的龙头企业。

宏观环境分析

朗诗的成功很大程度上取决于公司高层的审时度势、大胆决策。另一方面,决定朗诗走上绿色战略的另一大因素是当时中国的宏观经济环境。

以下应用战略管理评估常用的 STEP 模型①来分析朗诗当时所处的宏观环境。

社会层面

自 1998 年起,中国的房地产市场开始步入十多年的繁荣发展期。在这十多年的发展期中,中国出现了数以千计的房地产商。然而在繁花之中,纵观房地产市场,各个商家的房产项目基本上大同小异,同质化现象愈演愈烈。这导致房地产商之间的竞争越来越激烈。与此同时,消费者对房产质量的要求也在逐渐增高。与原先相比,消费者更加注重住宅的舒适性、健康性以及经济性。在这样的环境中,像朗诗这样的市场新人,只有走出一条差异化的道路才能突出重围。

此外,中国的城市化进程在 21 世纪后急速加快。随着城市规模的扩张和城市人口的增加,城市人口对住房的需求也在不断增加。朗诗的绿色住宅的成功离不开中国房地产市场繁荣这一大背景。

技术层面

在当时房地产市场产品趋于一致的情况下,朗诗率先接触到国外的绿色住宅技术。国外先进的绿色技术给予他们很大的启发,在接触到了国外的先进技术的同时,朗诗还结合国内的环境,对技术进行改进,以便给用户提供最为舒适的住宅体验。在朗诗成立之初,他们就针对南京冬冷、夏热、"黄梅天"潮热霉变的特点,尝试改进多种世界先进的建筑节能技术,以达到高度舒适、低能耗的住宅理想,如南京朗诗国际街区项目总建筑面积 35 万平方米,全部采用地源热泵

---

① STEP 分析包括:社会因素(social factors)、科学技术因素(technological factors)、经济因素(economic factors)和政治因素(political factors)。

供冷供热。采用地源热泵技术,可以构成良性循环的冷暖调节器。对于绿色技术的掌握,是朗诗实现自身产品差异化依赖的根本。朗诗房地产项目中的绿色技术系统具体如下。

(1) 地热热泵技术系统——克服传统空调系统的缺陷。建筑就像一个微型生态系统,当然也符合节能规律。地下恒温层是天然的能量存储器,精密的管道和低能耗单元能确保空调系统健康运行。在该系统中,能量能够实现充分有效的转化(如图4-1所示)。

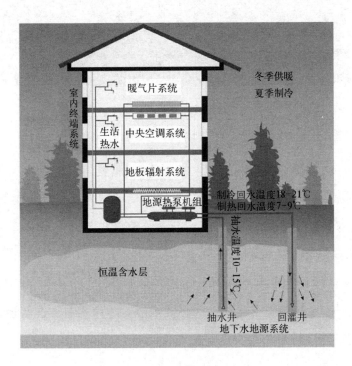

图4-1　地热热泵技术系统图

注:图片来自朗诗集团内部资料。

(2) 混凝土屋顶散热、冷却和采暖系统——像人体一样调节温度。常温水循环系统夏天能够冷却炎热的混凝土屋顶,冬天则能够对其加热(如图4-2所示)。该系统主要通过散热效应调节室温,因此不会产生机器运行噪声。

图 4-2 调温系统图

注：图片来自朗诗集团内部资料。

此外，朗诗地产独特的技术优势还有"隔热"墙系统和女儿墙、屋顶和地面隔热系统等。"隔热"墙系统是指房屋外墙配备厚实的隔热层，能够起到保温和隔热的作用，就像给建筑穿了一件"外套"。室内制冷和取暖的能耗远低于传统住宅。而女儿墙、屋顶和地面隔热系统则是在房屋地面到屋顶都设置密封隔热系统，能够保持智能居住的独立性，并有效降低能耗。这些技术使用户仿佛居住在舒适的"温控生态室内"。

经济层面

中国自改革开放 30 多年来的发展，使社会财富急剧增加，与此同时，也产生了越来越多的中产阶层。这类人群正是房地产市场中的潜在购买者。而中高收入者对生活品质的追求，尤其是对住宅质量的追求，也正好与绿色住宅的健康舒适性相吻合。这也是朗诗公司将销售目标人群定位于中高收入人群的原因。

此外，随着利率和税率的增加，人们也更倾向购买性价比更高的住宅。节能环保的绿色住宅自然就变得炙手可热。

政策层面

据中国建设部副部长仇保兴预测，中国绿色建筑市场的规模已经达到2 130亿美元。他表示："当绿色房地产项目从一线城市拓展到二三线城市后，中国房地产市场可能出现真正的绿色革命，这也将促使中国水泥行业和其他建筑材料供应商搭上'绿色潮流'这趟车。这样一来，全球绿色建筑的成本都会降低，因为中国已经成为全球供应商。"

面对日益严峻的环境问题，中国政府颁布了《能源法》，并提出了全面的环保目标。中国建设部还设立了政府与民间机构——中国绿色建筑委员会，该机构主要负责管理2006年推出的绿色标章制度，并致力于提高公众的绿色建筑理念。标章制度主要根据中国国家绿色建筑评价标准制定，地方认证系统的成本可能更低，因此能够吸引更多的地方开发商。

建设部还公布了其他一些计划，包括在农村地区推广太阳能、沼气和其他替代能源的使用，并在建筑项目中大规模采用可再生能源。中国政府还表示，他们正在考虑采取退税和经济奖励等措施，以鼓励绿色建筑的推广应用。

从以上对宏观环境四个层面的分析来看，绿色战略无疑是一条中小规模的房地产企业在当时市场竞争中打开局面的有效差异化战略。也正是走上了这条差异化道路，让朗诗的"冒险"取得了首战胜利，也获得了第一桶"绿金"，奠定了以后发展的基础。

朗诗的差异化战略和企业社会责任

朗诗从一开始建设绿色住宅是为了实现市场开拓的差异化战略，培养自己独特的竞争优势。然而，在企业的逐步实践中，朗诗认识到企业社会责任对于自身发展有着重大的影响。

朗诗率先另辟蹊径，在国内开发绿色住宅。此举是为了建立自己的差异化优势，走出一条属于自己的发展道路。在这条道路上，朗诗取得了成功，他们的绿色建筑迎合了众多消费者追求环保、节能、健康住宅的高品质生活要求。但令朗诗高层没有想到的是，这一仅仅是为了企业生存的求新之举，却给自己带来了很高的社会评价、收益回报以及公司的社会责任意识。

根据企业社会责任的理论，成熟的企业社会责任做法应该主动改善社会环境和企业竞争优势，追求社会和企业的共同价值。朗诗很好地将两者结合起来。朗诗为了建设自己的绿色住宅，必定要去了解国内外先进的绿色住宅技术、国内的建筑能源消耗状况、怎样去保障用户的生活品质，只有这样才能在自己开发的住宅上做出改进及实现差异化。就在这一次次的深入了解和实践中，朗诗也逐渐认识到，企业社会责任是有市场价值的。首先，通过建设绿色住宅吸引一大批追求绿色品质的消费者群体，创造了利润——此举实现了企业自身的发展。其次，随着自身绿色项目的普及，朗诗也在学习中转化为了一个教育者——朗诗积极地在全国普及绿色地产的概念，成为国内绿色房产的先锋和普及者，朗诗也在消费者心中树立了一个绿色健康的品牌形象，更坚定了企业未来的发展方向。

值得一提的是，朗诗地产的绿色项目吸引了大量优质的消费者——他们往往来自高级知识分子、海归和有着环保理念的年轻白领,都是对绿色、健康、舒适的生活品质有一定追求的人,也具有较高的教育程度和国际视野。在交易中,朗诗追求绿色环保的企业价值观逐渐深入人心。消费者认识到朗诗是一家将企业社会责任落实到实际的企业,从而在心中会对朗诗有较高的赞赏和认同感。这些人以及他们的亲朋好友,会多次购买朗诗的绿色住宅产品,正是这些消费者的高忠实度,使得朗诗的发展更加可持续。

朗诗由成立时期的一个普通房地产开发企业,到最终发现企业社会责任是有市场价值的绿色开发商,再到绿色住宅行业的先锋、呐喊者与普及者,朗诗从未停止脚步。

让我们看一下朗诗在成功地开发第一个绿色地产后的后续措施。

在过去几年,朗诗地产在绿色住宅开发方面积累了丰富的经验,业务范围逐渐拓展至全国各个地区。公司制定并实施了《朗诗绿色产品指南》,并建立了产品评估体系,为供应商提供关于绿色理念和绿色节能产品的参考标准。朗诗地产通过绿色规划、绿色采购、绿色施工和绿色经营,在建筑的整个生命周期中实现了能源和资源的合理分配和利用。公司的绿色住宅项目遍布中国的一、二、三线城市,其中包括上海、南京、苏州、杭州、无锡、武汉和成都等。朗诗地产秉承"开发环保房地产"的理念和战略,在上海、南京和无锡累计开发了14个项目——这些项目都具有低碳、节能的特点,以太阳能和其他可再生能源作为主要能源,累计节能80%,远高于中国政府50%的要求。朗诗地产是中国开发低碳住宅最多、节能率最高的企业,每年可节能5 000万 kW·h,减少二氧化碳排放5万吨。朗诗地产还加入了联合国环境规划署"气候中和网络"(Climate Neutral Network)、气候组织(Climate Group)以及中国绿色建筑委员会。

中国的房地产市场的新变化和对朗诗的影响

1998年,中国房地产市场出现了转折点:中国政府取消了福利分房制度,同时各大银行也开始为消费者提供住房贷款。随着居民收入的提高,中国的房地产市场开始逐步恢复。2000年以后,随着中国城市化进程的加快,各地的住房需求大幅增加——尤其是一二线城市。从1997年到2002年,中国的城市人口的增加、城市化率的提高、较低的银行利率等因素都促使资金进一步流向房地产市场。在各种因素的作用下,中国房地产市场经历了十几年的繁荣期。

然而,2010年以来,面对日益飙升的房价以及公众的不满,中国政府不得不采取措施抑制房地产泡沫,并确保此举不会对中国经济造成重大影响。中国政府下定决心抑制房价过快上涨,自2010年以来,国务院相继颁布了一系列重要调控措施。例如,逐步将第二套住房的最低首付比例增加到50%,第二套住房的贷款利率调整为银行基准利率的1.1倍;消费者购买第三套住房的最低首付比例和贷款利率也都将进一步上调。而北京市政府则禁止商业银行向购买第三套住房及第三套以上住房的消费者提供贷款。另外,中国人民银行开始执行严格的货币政策,并于2010年多次上调存款准备金率。这些政策有力地打击了一些"炒房客",也挫败了一些潜在买房者的积极性。房地产市场的拐点已经出现。

由于朗诗地产绿色高端住宅的主要目标客户群体(二次改善型和多次购房顾客)正是调控政策的主要目标。国家宏观调控政策推出后不久,朗诗地产的销售业绩出现了明显下滑。这时,朗诗能否继续坚持自己的绿色战略,继续秉承自己的企业社会责任呢?或者说即使坚持继续承担自己的企业社会责任,在市场面临危机的时候,朗诗会做出什么样的改变来实现企业与社会的共同价值呢?

为了回答以上问题,我们需要分析一下朗诗所拥有的优势以及劣势。

朗诗的优势

(1)市场先行者。朗诗作为绿色住宅的先锋,率先开发出成熟的绿色住宅社区,并且在不断开发属于自己的绿色技术。朗诗有完全的主动权,通过自己的技术革新,来开发更加绿色、健康、舒适的住宅,以此来引领市场的走向。由于拥有先入者优势,所以当面临外来的挑战时,朗诗可以处于比较主动的地位来应对。

(2)政府政策。正如前文所叙述的,近年来,中国致力于建设环保型社会。而消耗了一大部分能源的建筑行业,自然是实行变革的重点领域。绿色建筑符合中国的发展需要,政府也实行了较多的政策来扶持绿色建筑的建设。取得政府的支持,朗诗就拥有一个比较重要的外部环境优势,在面临市场危机时也有了更为宽阔的应对空间。

朗诗的劣势

(1)国内并没有比较成熟的绿色建筑认证体系。在国内,并没有一个像LEED[①]那样规范成熟的绿色评估体系来评价绿色住宅。虽然国内也有绿色星级认证标准,但由于国内缺失像LEED那样的标准评价体系、政府相关政策的落实和引导并不到位,这也在一定程

---

① LEED(leadership in energy and environmental design)是一个评价绿色建筑的工具。该工具由美国绿色建筑协会建立并于2003年开始推行,在美国部分州已经被作为法定强制标准。LEED的目的是为了规范一个完整、准确的绿色建筑概念,防止建筑的滥绿色化。

度上降低了绿色市场的准入门槛,会有越来越多的竞争者进入市场与朗诗竞争,对其造成威胁。另一方面,也会在一定程度上降低消费者对朗诗绿色建筑的认同度。

(2) 朗诗在中国二线城市的现状不容乐观。朗诗地产的项目主要集中在上海、南京等一线城市。在这样的大城市中,朗诗面临着激烈的竞争。如果要使公司进一步发展,进军二线城市是朗诗必须走出的一步。而朗诗在国内二线城市并没有建立起比较发达成熟的分销渠道。也没有与当地政府建立比较紧密的联系。因此,朗诗在进军二线城市的道路上存在些许障碍。

转型——为了应对新的挑战

随着中国房地产市场发生了巨大的变化,上海、北京、深圳和广州等大城市中心市区的房价在短短几年时间里增长迅速。开发商建造的许多住宅都销售给了房地产投资客,而实际的住房需求并没有出现明显增长,因而房地产泡沫不断膨胀。许多中国老百姓——特别是那些买不起房的人——一直希望政府对房价采取调控措施。田明表示:"中国房地产行业的十年黄金期已经结束,在竞争日益激烈的市场中,那些资源不足、缺乏核心竞争力的房地产开发商将被淘汰出局。朗诗地产采取了差异化经营战略,从而获得'绿色'开发商的口碑,而且我们已经跻身中国房地产开发商50强。面临严峻的政策环境,我们拥有充分的资源,积极谋划下一步的发展。"

逆水行舟,不进则退,墨守成规的结果只能是被时光湮没。新的形势下,每一个选择都尤为重要,在竞争日益激烈的房地产市场,更是如此。对于实力相对较弱的房地产商,求新、求变是必要的,也是无奈之举。

朗诗的高层对朗诗发展所面临的优势和劣势显然是有清楚认识

的,同时也是具有远见卓识的,当房地产市场繁荣的时候,所有房地产商都忙着圈地、开发、赚钱。此时,朗诗已经未雨绸缪地将企业的中心一定程度地转移到绿色技术的创新与研发之上。他们坚持将每年利润的2%投入研发中,以此来保持朗诗的市场竞争力。

然而,仅仅加大对绿色技术的投入并不能使朗诗保持自己绿色住宅市场领先这一优势。朗诗是否还有别的灵丹妙药来深化自己的优势?

朗诗做出的选择是进一步深化自己的技术优势,进而确立自己的市场优势。同时借助对绿色技术的深入掌握来推广自己的绿色环保的企业价值。

2008年9月,朗诗地产决定将旗下的建筑科技分公司拆分出去(该公司以前专门为朗诗地产的房地产项目提供支持),并建立了独立的技术型企业——朗诗技术公司。该公司注册资本5 000万元人民币,专门从事国内领先的绿色建筑研发、设计和建筑项目咨询全流程服务,拥有各类中、高级专业人员100余名,下辖甲级设计院、绿色建筑研发基地和欧洲技术公司。这家绿色技术企业将为内外部客户提供旧房(包括居民住宅以及医院、酒店和学校等公共建筑)节能改造服务。这项新的绿色服务业务将成为朗诗地产未来五年战略布局的重点。

当前,朗诗科技的产品研发和设计服务覆盖了建筑科技的各个方面,以节能为主线,综合应用了国家所提倡的"四节一环保"相关的技术体系,不仅适用于住宅类的产品,也可以为各种类型的公共建筑,如办公、酒店、医院等项目量身定做系统集成服务,并提供包括材料选择、采购、施工建设、设备运行、节能效果检测等全方位的配套服务,是国内为数极少的同时掌握可再生能源设计、施工和运行等技术的企业之一。

对于朗诗来说,现在能给公司创造最大价值的就是"研究与开发"这一支持性活动。因为朗诗的核心竞争力在于绿色住宅,如果没有技术支持,绿色住宅只能是空中楼阁,其他的销售、服务等也无从谈起。绿色技术是支持起朗诗"绿色战略"的根本。此外,一旦朗诗拥有自主技术创新的能力,就能随时推出新式的绿色住宅,适应甚至主导市场的变化。

"深绿"战略

朗诗在绿色房产开发领域创造了多项成绩,但朗诗并没有就此止步。田明说:"'朗诗永远在路上'是我们的企业精神,不管我们公司的规模大还是小,这种精神状态对一个企业来说是应该永远保持的。"

2012年8月,朗诗启动"深绿"战略:朗诗高管团队用了近一年的时间思考和研究,在新十年战略构想框架下,制订出2012—2016年的五年战略规划。这是一个绿色转型升级的战略,是由"绿"到"深绿"的战略。用一句话概括,就是将一个具有绿色科技特色的房地产公司转型为以绿色建筑科技能力为核心,集绿色地产开发、绿色科技服务、绿色养老产业以及绿色金融服务为主要内容的绿色集团公司。

"深绿"战略要求朗诗实现两个关键的战略性转型:由业务单一的专业化公司向相关多元化的集团公司转型;由重资产型产业向轻资产型产业方向转型。根据此战略,今后五年朗诗的四项重点工作是:一是以房地产业务为基础和资源依托,进一步提高其市场地位和营利能力;二是凭借此前积累的绿色建筑技术整合经验,以及对外拓展市场积聚新的能力,逐步培育朗诗绿色建筑技术的核心能力;三是积极探索、进行养老业务试水并积累经验,逐步形成养老业务的商业模式;四是建立绿色金融平台,拓展投融资渠道,为地产开发、技术服务以及养老产业提供金融支持。

首先,在建立绿色金融平台方面,朗诗地产建立了一家金融公司——青杉投资公司,管理基金和信托等业务,不断拓展融资渠道,为地产开发、技术服务及其延伸业务、养老项目等提供资金支持。朗诗绿建基金在2012年9月正式发行,规模为6亿元人民币,这是朗诗金融平台创立后的第一单业务,这只绿色基金获得了2012年科技部精瑞奖,全国共有三只基金分享投融资创新奖,朗诗绿色金融未来的业务前景值得期待。

其次,朗诗地产还建立了养老部门。朗诗养老依托已有的地产开发、绿色建筑技术及物业服务能力,积极探索适老性物业及服务体系,已经着手在一些项目上推出"一碗汤"产品、"老少居"产品和服务连锁项目等。田明认为,人口老龄化既是社会必须解决的课题,也是企业的巨大商机。

由此,朗诗地产逐步升级为一家集团企业,并建立了新的组织结构(如图4-3所示)。

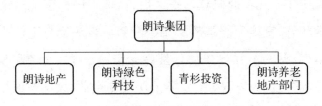

图4-3 朗诗地产集团新的组织结构图

朗诗的判断是,从中国的人口结构、城市化进程、经济增长这些基本面看,今后10年左右的时间里,以住宅为主的房地产行业还将继续保持快速发展,在这个时间里,朗诗要做的是,如何将绿色地产业务做得更好、更精,通过对市场布局和产品结构的纵深配置,增强抵御行业波动风险的能力,如包括将产品线做进一步调整。除了首次改善、再次改善、高端置业之外,朗诗在不久前还在上海、苏州推出了"未来树"这样的刚需型产品,都赢得了市场的好评,今后还要做养老公寓,完善全系绿色住宅产品线。对客户需求进行深度研究,以细分客户及其需求为逻辑起点,描绘与之相适应的土地属性,配置与之相吻合的产品标准,完成目标客户全生命周期的产品线覆盖。通过产品差异化和高资金周转策略,朗诗地产将不断增强市场地位,为集团的整体发展提供基础性的支持。

就在"深绿"战略发布不到一个月,朗诗第一个全程代建的绿色地产项目就正式落户常州,朗诗的"深绿"战略也自此迈出了实质性的一步,另外一些合作项目也在抓紧推进中。目前,行业内还没有绿色建筑全流程服务提供商,朗诗科技将抢抓市场机遇,努力成为绿色建筑科技集成服务的标杆企业。

总结:用绿色竞争力开拓一片蓝海

在经历了十几年的疯狂增长之后,目前中国的房地产市场呈现出低迷的状态,直接原因是政府调控政策。当房地产企业的发展不能再靠运气、财气和关系的时候,那些从客户角度去思考和改进产品品质、为顾客提供优秀服务和体验的房地产企业,才能够继续在市场中生存和发展。而如何为顾客提供优良的服务和产品?以科技为主导和驱动力的绿色建筑,无疑是一个很好的选择:既符合节能减排、绿色低碳的政策方向,又给顾客以舒适节能的居住产品。

当房地产开发企业不再只是一味地拼命圈地、赚快钱的时候,当他们可以像朗诗那样踏踏实实、焦点集中、不遗余力地培育企业的核心竞争力的时候,他们也就有意无意地开始担负起更多的社会责任。这将是房地产行业未来的发展方向,这也是应对市场变化的有效方式。

沉舟侧畔千帆过！朗诗地产,这支中国房地产的绿色先锋,依然在茫茫商海中疾行。愿在不久的将来,中国房地产行业的绿色孤岛将逐渐连成创新的绿洲,并在更多有责任心的企业家耕耘下,最终成就一片塞外江南。

第五章　红湾半岛——触碰了谁的利益？

说到香港,你会想到什么?是"东方之珠"、"购物天堂",还是香港那璀璨绚丽的夜景、繁华忙碌的生活,或是古今中外兼容的文化和沧桑荣辱的历史?……香港展现给我们的欣欣向荣背后,是她快速发展的商业。而房地产业在香港的经济发展中又扮演着举足轻重的作用。不同于第四章描述的中国大陆房地产市场,香港房地产早已经历了大起大落,在它对香港经济产生了深刻冲击之后,香港人对这片寸土寸金的土地上崛起的房地产企业的表现,更多了一份冷静和审视。

此章的案例故事,讲述的是一场没有硝烟的激烈战争,一次发生在企业、政府与民众之间的对话,一局商业与社会之间的精彩博弈。

红湾风云

"USE IT! DON'T WASTE IT!"一浪一浪的海风中,这张五层楼高的明黄色横幅紧紧地贴在身后的住宅楼上。这座不到十层楼高的住宅楼位于香港九龙红临水区域,面朝维多利亚港,身后是座座傲然挺立、直插云天的电梯公寓。夕阳中,黑洞洞的门窗如同一双双空洞洞的眼,显得尤为落寞(如图5-1所示)。

图5-1 绿色和平组织抗议红湾半岛酒店改建项目

然而,这座楼却成为当时街头巷尾的舆论焦点。因为它,香港两大地产天王几乎身败名裂,政府要员频频出面撇清"误会",公众愤怒之火愈烧愈旺,甚至幼儿园的小朋友也拿起手中的画笔来表达自己

109

的意见。一座小小住宅楼,何以如此牵动舆论神经?几番回合,最终如何收场?

接下来,我们追溯时光的脚步,从头说起这件事。

天王斗法

2002年8月的一天,本该是个大喜的日子,由香港地产四大天王之一的新世界发展公司(new world development,简称NWD)承建的红湾半岛住宅区正式建成。该项目建在香港九龙红临水区域,海湾的对面就是著名的维多利亚港,共包括7栋大楼2 470套公寓,有494个停车位,外加购物设施。户型保持在40—60平方米,每层楼面拥有10户之多。

去过香港的人也许会问,在这片寸土寸金的高档社区中,为什么会修建小户型楼盘?这要归结于香港特别行政区政府自20世纪70年代起推行的"居屋计划"——私营部门以参与建设的方式建成的面向中低收入者的公共住房。此项目本是政府向低收入居民倾斜的一项善举,然而,随着香港的房地产市场在1997年达到顶峰后房价渐入低谷。政策制定者认为香港房市中私有住宅价格下跌是受到了"居屋计划"增加供应的直接影响。于是在2002年11月,香港特别行政区政府决定永久结束"居屋计划"。2002年8月完工的红湾半岛也未能逃脱此厄运,其销售被政府终止。

那么,新世界地产岂不是要哑巴吃黄连,有苦说不出了?这里面还有个小插曲:根据协议,房屋委员会必须以既定价格买下所有公寓。新世界正念着阿弥陀佛时,房屋委员会却表态不愿回购如此大规模的公寓!被人当猴耍永远不会是一件开心的事,更何况这次是地产天王。2003年7月,新世界地产对香港特别行政区政府和香港房屋委员会提起了诉讼,索赔19.14亿港元。只可惜,天王也斗不过如来佛,新世界并未能够追回建设住宅的损失。

这只是故事的开始。

难兄难弟?

就在新世界地产焦头烂额之际,另一地产天王却高调插手——它就是新鸿基地产(以下简称"新地")。当月,新地宣布购入原属新世界旗下惠记的红湾半岛50%业权,耗资5.9亿港元,进而,两大天王平分红湾半岛业权。

新地是怎样的一家公司?它可不是一个简单的角色。在竞争激烈的香港地产中,新地往往以独特敏锐的发掘力立足业内。例如,早在20世纪70年代,当竞争对手都在大举发展市区工业用地之时,新地看到了香港新界的潜力。此时的新界人口稀少,多为作耕地之用的农地,政府出让的价格仅为市区的五十分之一。新地大举吸纳土地,其土地储备中,新界土地占比在当时曾经高达60%—70%。到了20世纪80年代,香港特别行政区政府大力发展新界,地价急剧上升,新地盈利且其股东权益突飞猛进。这使得新地由一个市场份额仅为7%的竞争者成为地产四大天王之一,其速度之快令人咂舌[①]。

既然如此,面对红湾半岛,旁人避之不及,新地竟伸出援助之手,难道是出于革命友谊?否则,唯利是图的地产大鳄,怎么会在此时踏入这滩泥潭?

---

① 郎咸平:《标本——地产领导者领先之道》,东方出版社2006年版。

任何的巧合想必都不是偶然。就这么巧,在同一时间,两家开发商与政府之间签订了一项协议:在修改后的销售条款中,红湾半岛的2 470套公寓被允许公开在市场上出售。开发商同意放弃向房屋委员会收取19.14亿港元保证销售收入的权利,而向政府支付8.64亿港元的土地溢价,政府允许其作项目修改。销售条款中,该地块的开发总住宅面积被限制在155万平方英尺,并且任何再开发项目都必须与总体规划图相符。至此,红湾半岛已被正式转型为开发商的私营住宅物业。

在此之中,还有一个小插曲,政府承认在与开发商的补价谈判过程中,曾开出17亿港元的底价,但遭开发商拒绝,最后以8亿多港元成交。17亿与8.64亿天差地别,在此谈判过程中发生了什么,我们无从得知。

这一切转变似乎太快,昨天还是个烫手山芋,转眼红湾半岛项目就成了香饽饽。当然,也不是没有人打出问号。媒体开始质疑在红湾半岛项目谈判过程中,政府和开发商谈判不够强硬,甚至有官商勾结之嫌。2004年立法委选举后,情况变得更糟。新当选的委员为维护公众的最佳利益,对红湾半岛项目提出了尖锐的批评。

当然,这是后话。不管怎么说,发球权到了新世界和新地两家地产巨头的手上,现在是他们出牌的时候了。

重要的抉择

中国人似乎偏爱"三"这个数字,好坏之别就是"上、中、下",世间万物无非"天、地、人",连政治倾向用"左,中,右"也便简简单单地概括了。至简之道,有时被常人所用,反而会狭隘其思维。新世界和新

第五章 红湾半岛——触碰了谁的利益?

地对红湾半岛,也是顺此理而产生的三条思路。

方案一:维持现状。这个方案最大的问题是这样未必能完全实现商业目的。现存的规划和设施原先是为满足公屋计划,并非为豪华私人物业的标准,难以满足市场的期望,财务回报非常有限。

方案二:装修和重新构造。这是指对大楼进行装修和作整体提升,但并不推倒重来。部分内饰、外墙以及单元的布局将被改变,在装修中扩大窗户和居住空间。重新装修能在更短的时间内带来微薄的利润(如表5-1所示)。

表5-1 重新装修计划的利润估算　　(单位:百万港元)

累计成本	-3 447
重新装修和质量提升成本	-1 395
估计销售收入	7 750
利润	2 908

方案三:推倒重建。最后一个选择就是将从未住过人的房子推倒,重新开发,运用高超的设计和优质的材料,将红湾半岛塑造成一个全新的豪华房地产物业项目。经过全面的市场调查,地产商预计此项选择能为开发商带来远远超出平均水平的利润(如表5-2所示)。

表5-2 重建计划的利润估算　　(单位:百万港元)

累计成本	-3 447
估计重建费用(含利息开支)	-2 325
修改总体成本蓝图的额外费用	-3 100
估计销售收入	15 500
利润	6 628

相信对任何人,首先吸引眼球的都是"利润"后面的数字。但别急着下结论,否则不成了一叶障目的笨伯了?在这之前你还该看看利润背后的东西(如表5-3所示)。

表5-3 各方案长、短期成本评估

住宅升级	短 期	长 期
收益	开发商: 较快成本回收,利润实现; 产生近30亿港元利润 社会: 环境破坏小; 有机会以较低价获取该地段房产; 政府: 开发商行为与总体规划较为相符,利于维护政府形象	社会: 环境破坏小; 政府: 开发商行为与总体规划较为相符,利于维护政府形象
损失	开发商: 失去了采用方案三带来的超过30亿港元的机会成本	社会: 附近地段房屋可能因其贬值

推倒重建	短 期	长 期
收益	开发商: 利润是方案二的整整两倍! 社会: 开发商号称可以提供1 000个就业机会 政府: 售房将为政府带来更高的印花税收入	社会: 红湾半岛附近住户房屋价值将受益于新建高档社区而增值

第五章　红湾半岛——触碰了谁的利益？

续　表

推倒重建	短　　期	长　　期
损失	开发商： 承担 3—4 年长的投资风险； 承担循环使用建筑材料的责任； 出资支持绿色环保项目； 应对社会声讨等一系列营销费用 社会： 2 500 万港元的垃圾填埋费 产生 20 万吨的建筑垃圾，严重降低周围居民的生活质量； 政府： 对该区域的总体规划破产	开发商： 品牌形象受损； 政企关系可能面临危机； 社会： 整个社会深受环境破坏的影响； 政府： 政府信誉降低

　　没错，短期来看，对于开发商，推倒重建的方案可以说是最优的选择。虽然，由于环境破坏而带来的一系列支出会增加公司成本，然而，这些目前也只是口头承诺，实施之时数量、质量公司又可以"根据情况做相关调整"。而增加出的 30 亿利润，是实实在在的诱惑！

　　可想而知，新世界和新地经过长达一年的密集调查和细致的市场分析后，共同决定推倒重建红湾半岛。他们认为这一方法能为其股东带来最大的利润。在此过程中，他们不是没有考虑来自政府和公众的压力。对于政府，开发商完全明白，推倒重来将需要得到政府许可才能改变总体规划图，而政府业已拿到额外的土地溢价，并且红湾半岛升级为高档物业后，政府将由被提高的印花税率而得到更多收入，应该不会拒绝。针对公众对该项目可能带来的环境问题的担心，开发商打算实施一项综合的建筑材料再循环计划作为对再开发计划的补充。这其中包含了一项建筑材料再循环的设计，即 95% 的建筑材料将被循环使用以尽可能减少浪费。这样，应该能够打发那些持有疑虑的公众人士了吧。一切似乎尽在掌控之中,意外的事却突然发生了。

雾锁红湾

推倒计划宣布后,批评声、抗议声、咒骂声开始一浪一浪涌来。来自周边居民、学校、社区和香港环保组织的抗议者涌入红湾半岛,大声表示其强烈不满。

绿色组织是主要的反对者。这个组织是 NGO[①] 的主要组成部分之一。在香港,NGO 组织非常发达,其援助之手触及社会的不同需求。红十字会、乐施会、宣明会、国际特赦会等国际 NGO 都在这个国际都会设立了分支机构。他们的多年努力在香港本土培植了一种"慈善文化"。例如,一年一度的"渣打马拉松"和"乐施毅行者"活动都已经成为全民参与的城中盛事;与此同时,香港本土的中小型 NGO 发展也得到了政府和社会的支持。可以说,以绿色组织为代表的 NGO 势力在港有很强的号召力。

绿色组织指出,开发商完全没有显示对环境问题的关注。地产商所谓的种种不过是为了顶住社会的责难、堵住官员的嘴巴、软化学者的批评,借此便可以速战速决,从而实现利润最大化的如意算盘。

绿色组织连同社会反对声音毫不留情地指出此开发项目的种种危害。首先,推倒重建这样的大型房地产项目将造成严重的环境问题。即使采用了开发商所谓的环保拆楼法,也免不了令邻近地区出

[①] NGO(non-government organizations),是指在特定法律系统下,不被视为政府部门的协会、社团、基金会、慈善信托、非营利公司或其他法人,不以营利为目的的非政府组织。

现大量灰尘、噪声。更触目惊心的是，重建期间将产生的废物等于全瑞士15天的废物量！

其次，这样的行为将可持续发展的原则置于何地？红湾半岛单位众多，设施簇新，很多居屋尚未入住，拆卸如此大面积的新楼宇必将造成严重的资源浪费。

再次，开发商这种唯利是图、自私自利、无视社会责任和社会公义的行为，冲击和颠覆了香港市民的价值观，将对社会和下一代成长造成严重影响。根据"木桶效应"，这个香港社会的素质标准会因此降低，这个"范本"会给下一代从小就灌输"只要有利可图，便可以不顾环保、公益"的思想。

为此，绿色组织不断地组织演讲和游行，发放传单，组织联合记者会，宣誓守护红湾半岛的决心。他们奔走疾呼，动员一切力量。例如举办"留住红湾这一刻"绘画比赛，让小朋友画出他们对红湾半岛的感受。其中，"香港地球之友"甚至提出：一旦开发商展开清拆，便申请"最大规模清拆未入住大楼项目"和"清拆最高建筑物"两项吉尼斯世界纪录，让开发商留下"拆楼主"的恶名。

香港的教育工作者也对此计划提出强烈反对。他们担心在这一影响深远的事件中，富人将以危害环境为代价来实现利润最大化，这是一个很负面的榜样，扭曲年青一代的道德和价值观。马头涌公立小学校长钟女士说："将大楼推倒将为孩子们树立一个坏榜样。难道我们只需要考虑金钱？"同时，她声称担心推倒将形成的灰尘会影响学生的健康并带来疾病，如哮喘和支气管炎。另外，学校收集了来自学生、父母和朋友的7 000个联合签名反对推倒大楼。除香港理工大学学生会及马头涌公立小学(红磡湾)家长教师会外，香港各界教育专业人员协会也在讨论如何跟进红湾事件。

媒体(尤其是报界)在整个过程中扮演了重要角色。当开发商宣布其推倒计划时,当地报纸做了全面报道,并连续刊登了来自环保人士、政府官员、师生等的强烈反对意见,将批评的焦点集中于两家开发商的社会责任和他们置环保问题于不顾而可能赚取的巨额利润。例如,香港地球之友透过雷霆881及903两大频道,广泛呼吁大众关注及反思红湾事件。而立法会的民建联、民主党、民协和前线的刘慧卿议员均表示反对清拆红湾半岛。

  政府人员中,也有不少人士反对重建项目,在此不一一详举。有意思的是,并非社区的所有人都反对推倒计划。例如,居住在红湾半岛附近的1万户私人业主中有一些人就支持此计划。他们认为长期来看,2 470套公寓被重新设计为更豪华的物业后,周边房地产市场将会有较强的恢复。

  社会方面的强烈反响是开发商未曾预料到的,也明白重建项目难以一帆风顺,但阻挠势力之大、范围之广、影响之深让他们措手不及。为了如愿以偿,之前新世界和新地在政府运作方面作足了文章,经过几个月的谈判后达成协议。当时,他们以为环保主义者和公众最多"小打小闹",没想到却把整个事件推向风口浪尖。

  更糟糕的是,尽管之前房屋及规划地政局(以下简称房屋局)局长孙明扬表示,红湾半岛的业权全属开发商所有,土地持有人可在规划和法律许可下自行决定发展方案,政府不可随意禁止清拆或重建。然而在公众非议的压力之下,政策风向开始转变,房屋局局长孙明扬指出"是否重建红湾属商业决定,但我想社会大众对拆卸的建议不会支持。"同时,政府向开发商发出了一份提示函,提醒他们:任何再开发必须与该地产的总体规划图相符。

  意料之外,情理之中。那张表清楚地揭示了公众愤怒的原因。无论长期或短期,带来的社会效益都是微小的,若有收益,也仅仅属于极小撮人;而伤害的深度和广度却无法度量,跨越时间、空间、世世代代传递下去。不谈那些道德人伦的大道理,单问一句,有谁愿意拿自己和子孙的幸福健康为他人作嫁衣裳?

艰难的解释

可以说,对于意料之外的转变,开发商的危机公关能力还是可圈可点的。红湾半岛项目的发言人在媒体解释说:"原来的项目与该土地资源不匹配,不能充分发挥该地块的潜力,将形成巨大的浪费。再开发红湾半岛不仅能创造1 000个新的工作机会,满足市场对优质地块的需求,而且能为政府带来更多的印花税收入,并起到稳定红湾区域房价的作用。"

针对环境问题的担忧,他们称再开发计划中包含了一项建筑材料再循环的设计,"95%的建筑材料将被循环使用以尽可能减少浪费。19万吨的建筑残留物中将只有几千吨被运至填埋场。这只占香港年废物填埋量的千分之一。尽管关于填埋费的立法还未开始执行,但我们已经承诺将捐赠一笔与填埋费相当的金额来支持香港绿色项目的推广。而且,再循环和再利用材料的销售收入也将被捐赠给环保项目。"

同时,针对反对浪潮中最活跃的几个团体,开发商邀请九龙市政厅、马头涌公立小学、香港理工大学、黄埔花园业主委员会及绿色环保组织的代表等共同组成一个关注小组,以提供一个平台,让所有关心此事的人士了解项目进展和环保措施的执行情况。同时还将为公众开通一条热线和专用的电子邮件地址以供询问。

开发商们似乎以一种透明、真诚和负责任的精神宣扬着他们的决策。开发商的发言人说:"再开发计划是以平衡社会与股东利益为原则基础而制定的,同时,我们承诺要做优秀的企业公民。我们相信这一决策将带来双赢的局面。"然而,这样的解释在强烈反对的浪潮中仍显得苍白无力。

强拆之令

面对公众的愤怒,开发商不断作出口头承诺。然而,前方就是一步之遥的巨大利益,利润之手推动着他们私下操作马不停蹄。

2004年11月6日,香港地球之友根据红湾开发商消息称,对方已向承建商发出就清拆红湾半岛格价的报价单。红湾势危,开发商与公众势同水火。

2004年11月29日,发展商宣布拆除红湾半岛!此举一出,举城震惊!香港教育专业人员协会及地球之友一致反对清拆红湾半岛,指事件将成为本港"最羞耻的反面教材",房屋及规划地政局局长孙明扬因为该事件被问责下台,而开发商在政府房屋政策的错失后,仍一错再错毁掉红湾,反映其贪婪与狂妄。各界人士纷纷走上街头宣传,呼吁大众支持"红湾半'倒'"运动,反对清拆七幢簇新大楼。从议员、环保人士到大中小学生和普通民众,对拆卸红湾半岛可能造成的环境污染、资源浪费以及社会影响深感忧虑,同地产商进行着不屈不挠的辩论和抗争。

地产大佬的妥协

压死骆驼的最后一根稻草终于落下。发展商再也承受不了各方带来的压力。2004年12月10日,新地和新世界两家开发商采取了前所未有的行动——共同发布了联合声明,承认推倒从未居住过的楼宇引起了巨大的争议,给社区带来了不和谐之音,因此计划将被取消。

这两家开发商解释说:他们更看重社区和谐,因此决定改变计划,寻求重新装修的选择,并将物业设施做整体提升。同时,开发商也为自己的股东责任作出辩护:"作为公众公司,开发商必须向股东负责。最新的决策也有利于他们,因为重新装修并将物业设施做整体提升能在更短时间内产生利润,并可避免3—4年之长的投资风险。"

此时,发言人再次表态:"开发商在红湾半岛的每个阶段的行动都符合法律和合同中规定的权利。改变推倒计划是在考虑各种环境和公众意见之后做出的。我们在决策中试图理解并平衡各方的利益。"

开发商重申了他们的绿色建筑规划和社区参与计划,希望未来的工程对社区的影响尽可能减少。2004年12月12日,原先由环保主义者和教师们组织的抗议推倒活动戏剧性地转变成欢庆活动。

庶民的胜利

开发商宣布不拆红湾半岛后,绿色和平组织认为,这是香港市民的一次重大胜利,亦为香港社会开始重视企业社会责任的重要里程碑。环保组织地球之友环境事务经理则对该决定表示"审慎欢迎",认为给开发商上了宝贵的一课,知悉"财要取之有道,若只顾铜臭而忘了社会价值和公义,将会付出商誉等深重代价。"同时,他们认为开发商是在受到强大的社会压力下才作出的决定,并指出开发商改装楼宇仍然会造成污染,故此会密切监察。即便如此,"地球之友"与"教师协会"仍如期举行了环保游行,让市民反思红湾事件的意义;而"环保触觉"组织发起的"红结行动"亦如期举行,不过将初衷由留住红湾半岛改为促使政府重视可持续发展。

对开发商而言,执行重新装修计划比推倒重建要复杂得多,由于原先房间间隔已经难以修改,开发商最终保留了房间的布局。香港特别行政区政府也同意红湾半岛项目在原有停车场上加建两层楼面,并将有关物业改建成会所及泳池等设施,提升小区的居住环境。

2006年年底,红湾半岛重新申请发售楼花的许可。2007年10月,基于红湾半岛事件的不愉快经历,新地把红湾半岛改名为"海滨南岸"。重新装修工程于2008年2月完工。为此,开发商增加了15亿港元的支出,相当于每平方英尺增加了1 000港元的成本。

当年12月,"海滨南岸"借香港地产市场回暖之机开始出售,每平方英尺的售价在7 000—10 000港币;2009年,受国际金融危机影响,剩余楼盘以每平方英尺5 000—6 000港元的价格销售。除了部分尾盘,海滨南岸已经基本售罄。

红湾半岛事件引发的思考

在这个多方博弈、一波三折的事件中,有很多地方令人回味。在这里,笔者提出一些问题,权作抛砖引玉,希望引起读者的思考。

股东与利益相关者之间的利益一定是矛盾的吗?

在红湾半岛地产项目中,开发商的股东利益与利益相关者(包括居民、环保组织、教育者、政府等)的利益表面上发生了严重的冲突。

第五章 红湾半岛——触碰了谁的利益？

究竟应该顾全哪一方？单单从理论上讲，所涉及方的利益不一致，也不可能形成统一的意见。但在实际发生的案例中，红湾半岛的地产商做了大胆的尝试。

开发商一直在媒体上表态，他们的任何行为都是以股东利益最大化为基础的。这也符合传统的对于企业存在的看法。企业股东利益最大化观点的持有者认为，企业的唯一目标就是"实现经济利润最大化"。关注除股东之外的利益相关者会分散企业的经营重点。如果除了经济上的目标，公司还要承担社会的、政治上的责任，这很可能会导致公司陷入"企业办社会"的僵局。所以按照此理论观点，即使前有滔天民愤，后有政府施压，开发商仍然在2004年11月宣布要拆楼重建。

站在企业的角度上，抵住社会各界的压力不是一件容易的事情，我们很同情它做出这种艰难的选择。但是同时也很遗憾地看到，此时对事件的掌控权已经不单单在开发商的手上了。公司的决议不过是一张飘摇的纸，被愤怒的社会呼声撕得粉碎。这也导致后来新世界和新地不得不妥协。

可是妥协之后，它们真的输了吗？在开发商放弃拆楼后，媒体迅速做出反应。他们认为，现在开发商考虑民意、从善如流，在平衡各方利益后做出让步的决定。此举虽然令该项目利润减少，但至少他们尊重民意，平息了一场社会争议，没有与广大民众彻底对立。这也证明：商人并非完全唯利是图，市民是看在眼里、记在心里的，因此企业也挽回了自身的口碑和形象。这未必算得上双赢，但如果强行拆除红湾半岛，肯定是双输了。

媒体的分析有一定道理，从之前的表中可见，拆除楼宇对公司而言，将严重损毁其品牌形象。而香港房产业竞争激烈，品牌形象是一项稀缺且珍贵的资源，其价值不可估量。

而且，即使短期会损失30亿港元的利润，对新地而言也不是一件那么糟的事情。当时，由政府主导的西九龙文娱区开发项目正如火如荼地进行着。经验丰富的新地在这里早已布局，在西九龙一带拥有大量土地，一旦西九龙项目"上马"，旗下位于西九龙的地皮或新盘就会水涨船高，盈利可高达600亿港元。

同时，当开发商放弃重建时，已经恶化了的政企关系也得到了一定的修复。对于房地产企业，良好的政企关系是寻租活动最有力的保证。在事件最开始的时候，从政府将此项工程包给新世界，到后来以仅补贴8亿港元转让给新地和新世界，我们可以推测出，此时的开发商与政府之间有很紧密的政企关系。甚至起初房屋及规划地政局局长孙明扬表示，红湾半岛的业权全属开发商所有，土地持有人可在规划和法律许可下自行决定发展方案，政府不可随意禁止清拆或重建。只是后来，民意的熊熊怒火燃起，众怒难犯，政府的风向开始转变，频频对开发商提出警告，但开发商仍一意孤行。这让政府的权威扫地，引来了众多的质疑和批评，甚至牵连高官落马。政府很没有面子，自然也不会让开发商舒服。正是在公众和政府的双重压力下，开发商不得不示弱。

再来看一下政府在整个过程中所扮演的角色。从政府干预房地产市场经验教训的角度看，红湾半岛问题的重点，不是今日该不该拆，而是当初为什么要建。是当初建的决定错了，才有今日拆还是不拆的麻烦。楼群建错，覆水难收，无论拆还是不拆，损失皆很大。至于两害相权，何者更轻，倒是第二位的问题。"居屋计划"固然是善举，可经济活动总归要受到经济条件的约束和经济力量的支配。具体到红湾半岛，可以看到两个经济条件不容漠视：第一，政府决定拿来建设居屋的地皮资源，实际上有市价。而这个市价，正是"居屋"的机会成本，这个机会成本成为房产商挑动众怒的罪恶之源；第二，"居屋"作为政府补贴的住宅,其供应量大,市场对住宅的需求量又相对较小,从而打破了房产市场的平衡。正是这两种简单的经济力量,使抱有良好意图的政府,在红湾半岛项目上耗费了巨额公共资源之后,最终还是陷入被动。

同时,政府反复无常的态度和不透明的地价协定过程也深受诟病。让我们来算一笔简单的账。以 27 亿购入面积 150 万平方尺已建成的楼宇,平均每平方尺价格是 1 800 港元左右。据业界提供的资料,2003 年 12 月的市场来估值红湾半岛的楼价应在每平方尺 3 200 至 2 500 港元。实际上,新地在 2001 年 1 月购入有关红湾半岛的控股权时,在价钱上已反映了约每平方尺 2 500 港元的估值,这证明政府在买断红湾半岛时,至少损失接近 10 亿港元。若我们单从自由买卖的角度看,实在难免质疑政府是贱卖资产。

更有意思的是下面这位人物。梁展文,曾任房屋及规划地政局常任秘书长及房屋署署长,任内涉及处理多宗极富争议的事件,包括被指"贱卖"红湾半岛给包括新世界发展在内的开发商等。他在退休一年后,被新世界发展旗下的新世界中国地产聘任为执行董事。这一系列行为,真有些低估群众智商的嫌疑。社会各界纷纷质疑梁展文在任期间"贱卖"红湾半岛等决定是早为退休铺路,属于"延后报酬"。在之后的一年,立法会遂通过引用权力及特权条例成立专责委员会调查事件①。

企业能摆脱社会责任吗?

就这个案例而言,开发商最后已被置于聚光灯之下、风口浪尖

---

① 《香港前高官离职从商事件报告出炉 港府完善规管》,http://hm.people.com.cn/GB/42273/13434598.html,最后浏览日期:2013 年 8 月 12 日。

之上,想逃避社会责任基本无望。但对中国大陆房地产行业的监管,目前仍不够到位。房产商们被人们被冠以"唯利是图"、"满嘴跑火车"、"赌徒"、"黑心开发商"等称号。他们就像千手观音,势力触及社会各个角落。看着他们赚得盆满钵满,公众也无可奈何。那么,他们的优势可以持续吗?什么样的企业能够置社会责任于不顾呢?

一般在以下情况中,企业比较容易逃避社会责任:公众的社会责任意识缺乏,政府管制宽松,科学技术和信息沟通方式落后,舆论缺乏自由,企业所处行业有着先天优势。可以说,这样的领域在中国还有很多。但幸运的是这些"灰色地带"都在以不同的速度消失。体现在以下几个方面。

首先,公众的社会责任感与日俱增。随着社会居民整体文化素质和收入的提高,人民越来越关注生活质量。高耗能、高污染的行业正在被逐步淘汰。君不见沸沸扬扬的污染项目犹如过街老鼠,中国群众的抗议呼声也使得污染项目计划个个终止,对许多环保能力薄弱的化工企业而言,这无异于当头一棒。

其次,政府的管制也越发严格。可以说,中国企业履行社会责任背后最大的推动力是政府的行政力量。2006年年初,国资委研究局启动了对央企履行社会责任问题的系统研究;同年,企业应该承担社会责任的提法被写进2006年修订的《公司法》。2012年3月,国资委表示正在研究出台《央企社会责任管理指引》,要求所有央企发布2012年企业社会责任报告,并将对其履行社会责任情况进行评估。对于政府而言,敦促企业履行社会责任有助于减轻政府的负担,维护社会稳定。但也应当注意,过多的行政干预和压力有可能会改变社会责任的性质。

再看技术进步。科学无国界,技术进步一方面可以让公众通过专业的机构组织将一款产品的原料、加工工程看得明白。例如,官方与民间的检测机构在房屋污染、水污染、大气污染的检测手段方面越发先进。同时,相关有效的监督机制和相关认证涵盖了企业社会责任的方方面面,如危害分析和关键控制点认证(hazard analysis and critical control points,简称HACCP)、GB/T28001职业健康安全管理体系认证、ISO14001环境管理体系认证等。另一方面,技术进步推陈出新,更加人性化、环境友好型的产品不断挑战现有的市场。2011年,中国首次出现"环境友好型产品"的概念,它是指在产品的整个生命周期内对环境友好的产品,即从产品原材料的采购到制造、流通、使用和废弃等全过程,都尽可能地节省资源、降低能耗。这样的产品通过权威部门的认证,最后颁发"环境友好型产品"证书。目前,在低毒涂料、节水或节能设备、生态纺织服装、环保建筑装饰材料、可降解的塑料包装材料、污染物排放较小的机动车、绿色食品、有机材料等领域,已有环境友好型产品。虽然目前市场刚刚起步,但有理由相信,这将会成为今后消费的趋势。

最后,当然有社会媒体和舆论监督的发展。在红湾地产的案例中,舆论力量和公众力量形成了很好的互动,公众提供给舆论爆炸性新闻,舆论又反之指导公众的行为,进而给政府和地产商都带来了巨大的压力,促使抗议最终成功。当今中国,舆论从两个方面正发生着深刻的变化。

第一,舆论对象涉及越来越广泛的群体。从落魄乞丐到政府高官,都可以成为头版头条,从国内山区到国际政坛,都是街头巷尾的谈资。同时,更多专业人士的参与,使得讨论在专业化和多元化上迈进一大步。

第二,舆论不再由媒体主导,中国社会越来越多地表现出公民社会①的特征。2012年《中国互联网络发展状况统计报告》显示,截至2012年6月底,中国网民数量达到5.38亿,互联网普及率为39.9%。中国手机网民规模达到3.88亿,农村网民规模为1.46亿。泱泱大中华,平头百姓从不缺敢为天下先的勇气,缺的是名正言顺的"帽子",缺的是振臂一呼的响应。信息技术的普及,使得草根阶层通过微博、博客有了更多的话语权,也使得公众舆论的发球权掌握在民众手中。

由以上可见:企业社会责任已经不再是一种选择,而成为一种未来发展趋势。据中国社会科学院的统计,2006年中国发布社会责任报告的企业只有32家,但到2010年年底,已经有710家企业发布了社会责任报告,四年时间增长了22倍。同时,在毕马威的一项调查中,70%的公司表示,落实企业社会责任是出于经济原因而非道德原因。企业社会责任不再只是一个意识形态范畴的问题。

无论企业家接受与否,事实告诉我们,公司履行企业社会责任的时代已经到来。

对比第四章的朗诗地产,他们之间的区别在哪?

朗诗作为地产行业的新进者,通过寻找行业的"制度缺失"②而确定了"绿色战略"——发展科技环保、节能舒适的住宅。地产绿色升级带动多产业的巨大商机,奠定了朗诗在行业中的地位。

---

① 公民社会,即指围绕共同的利益、目的和价值上的非强制性的集体行为。这不仅表现在慈善团体、非政府组织(NGO)、社区组织、专业协会、工会等相继成立,更表现在,每一个公民通过互联网和创新的媒介形式被赋予参与讨论社会事务的机会。

② "制度缺失"(institutional voids)引自 Tarun Khanna & Krishna G. Palepu, *Winning in Emerging Markets: A Road Map for Strategy and Execution*, Harvard Business Review Press, 2010。该概念主要描述了新兴市场由于巨大的交易成本而存在了众多的商业机会,交易成本表现为难以找到合适的对手方,或者因为各种阻碍而难以实施交易。这些就被称为制度缺失。书中认为,可以从两条路在新兴市场的制度缺失中获利,一是去做制度缺失的填补者,二是根据制度缺失调整自己的策略。

相比新世界和新地,朗诗地产最初并不具备与两位大佬抗衡的力量。但它通过对市场的挖掘,发现关注绿色和企业社会责任的企业在中国是稀缺的,具有极大市场价值。这种源于市场的动力最终发挥了神奇的作用,使朗诗成为科技环保住宅的领跑者。相比之下,两家地产天王反而显得有些自以为是、暮气沉沉。不过这毛病并不是他们的"专利",实力雄厚的企业往往容易故步自封。

对人而言,性格决定命运;对企业而言,战略关乎生死。战略大师迈克尔·波特和马克·克雷默在《战略与社会:竞争优势与企业社会责任的联系》[①]一文中,将企业社会责任分为两类,一类是反应型,另一类是战略型。对比他们的描述,我们将更深入地了解新世界、新地与朗诗地产的区别。

反应型的企业社会责任往往关注企业与社会的紧张关系,通过参与解决普通社会问题,或者减轻企业价值链活动对社会造成的损害来缓解企业与社会的矛盾,并期望通过广泛的慈善行为获得社会的认可。在特定环境下,反应型的企业社会责任能够带来一定的社会认同。

例如汶川地震中,王老吉(后改名为加多宝)第一时间进行慈善赈灾,捐款1亿元人民币,并配合大量的营销行为,将社会责任做成了一次轰动的事件,也因此一举成为消费者大加称赞的"英雄企业"、"爱心企业"。此举在消费者心中留下深刻的印象,极大地提高了当时王老吉产品的市场销量和品牌美誉度。

履行反应型社会责任虽然能给企业带来竞争优势,但这种优势通常很难持久。反应型的企业社会责任既不与企业的战略和运营挂

---

① 迈克尔·波特(Michael E. Porter)、马克·克雷默(Mark R. Kramer):《战略与社会:竞争优势与企业社会责任的联系》,《商业评论》2007年11月刊。

钩，也不和企业的经营环境沾边，不足以帮助企业识别、分辨和解决社会问题。最终的结果会使企业的各种社会责任和慈善活动彼此毫不相干，与战略相互脱节，既不能带来任何积极的社会影响，也不能提高企业的长期竞争力。

战略型的社会责任则是寻找能为企业和社会创造共享价值的机会，包括价值链上的创新和竞争环境的投资，还会在核心价值主张中考虑社会利益，使社会影响成为企业战略以及企业各个运营环节的有机组成部分。企业承担社会责任不仅仅是向慈善机构捐款，更重要的是在运营活动和竞争环境的社会因素间找到共享价值。

再举一个战略性企业社会责任履行的例子。百事的土豆农场就是一次双赢的实践。百事本身是世界上最大的、产业链覆盖"从种子到货架产品"的企业之一，在全球超过 30 个国家与当地农民合作从事农业经营。当 1993 年准备在中国市场推广乐事薯片时，遇到了阻碍，中国生产的土豆并不适合作为薯片的原材料，而进口美国原料又会带来成本的提高。百事选择引进技术在中国设立自己的农场，在内蒙古治理荒沙，改善生态，修筑防风林保护农田，修建道路铺设电力设施，改善了当地的生态环境，提供了大量的就业岗位，促进了农民收入的提高。迄今为止百事在土豆农场的投资已经超过 3 亿元，企业自身优化了上游供应链，满足了 50% 的原料供应，为自己在中国地区的持续发展提供了可能。

两种态度将导致两种结果。反应型企业社会责任是将社会责任作为一次表演、一席盛宴。无论出发点如何，它终究不能提升我们细水长流的生活品质。企业社会责任并没有在这样的公司里演绎成制度、转变成文化，随着管理人的更迭和公司经营状况的改变，当企业社会责任可能成为一种再也消费不起的奢侈品时，公司的社会责任之梦就此终结。

而战略型企业社会责任则是将企业社会责任意识融入每一个价值链中,最重要的是在企业的核心文化中考虑社会利益,使社会影响成为企业战略的一个组成部分。当不仅仅是企业为社会责任服务、同时社会责任意识也给企业带来了滚滚利润时,一个良性的、持续的盈利模式就开启了。其中,最重要的是在运营活动和竞争环境的社会因素间找到共享价值。共享价值使企业在进行企业社会责任活动中能够扬长避短,保证资金的有效运用;同时,也保证了企业社会责任活动将会随着企业的永续经营而持续下去,进而形成良性的共生关系。

优秀的企业家应该意识到,运用自身的优势进行企业社会责任实践,不是远比捐几次款来得更有意义吗?从这个角度看红湾半岛事件,你看到的不应该只是新世界和新地对一片楼宇拆除与否的纠结,更应该看到他们亟待转变的企业战略方针。

总结:企业与利益相关方相处的和谐之道

顺人心,即从天理。唯上智与下愚不移。作为推动社会进步的重要一分子,企业应该怎样顺人心、从天理呢?

也许有人会说,现在的社会是一个现实的社会:讲究经济效益,一切事情朝"钱"看。作为为股东利益而存在的公司企业,对经济利益的把握更是其生存首先考虑的事情。但是这不能成为企业只考虑营利和股东利益的理由。发生在经济繁荣之地香港的红湾半岛的案例很清楚地传达了这样一个信息:即便经济利益是企业生存的首要因素,但企业不可唯利是图、忽视其他利益相关方的利益;企业的活动不可能脱离社会,因此它的一举一动不仅影响到社会各利益相关方,而且也受到他们的监督;企业生存和基业长青与其利益相关方的支持密切相关。

本案例中,环保组织、教育工作者是抗议的领导者,同时也是容易被房地产开发商忽视的利益相关者。类似地,在其他案例中忽视利益相关者的需求往往也给企业带来很大的麻烦。就拿壳牌石油公司来说,1995年,绿色和平组织举行大规模抗议活动,禁止壳牌公司报废其布伦特斯巴钻井平台,令壳牌十分尴尬。从此之后这家石油公司便有了经验,在此类项目伊始便与诸如野生动物基金会、大赦国际等NGO充分沟通和磋商,避免任何可能进入公众视野的冲突发生。

那么对不同的企业来讲,谁是对企业影响最大的利益相关者?他们的诉求是什么?怎么样平衡他们的诉求和自身的经营活动?这需要企业不能够只把企业社会责任看做一项反应性的付出和投机行为,而更应该把企业社会责任融入企业发展战略之中。在未来的商业竞争中,企业在技术、规模方面要保持第一或者领先,那么其在企业社会责任方面必然不可能落后或者有忽视社会责任情况的发生,否则,公司花大量资源和时间来建立的品牌优势会受到严重的打击,在信息时代,企业的负面新闻必然会影响到公司的业绩。相反,如果把企业社会责任提升到企业战略层面,企业会收到意想不到的收获。比如,英国最大的零售公司玛莎百货在社会责任方面要求自己保持领先地位。它发起的"标签背后"运动集中了大量社会责任议题——从公平贸易、动物福利和环境保护,到盐与脂肪等食品健康问题,再到衣服的可洗性和耐久性,无所不包。现在,这项运动已经成为一项战略意义上的成功,因为它带来了销售额的增长,以及"绿色零售商"的良好口碑,并使玛莎百货在充满挑战的经济环境中享有更强大的竞争力。

第五章 红湾半岛——触碰了谁的利益?

如何把企业社会责任提升到战略层面并融入企业经营活动中呢?我们建议借助战略大师波特的价值链(value chain)分析工具来思考(如图5-2所示)。

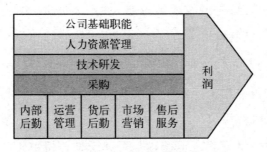

图5-2 企业价值链

● 公司基础职能。这一块不仅包括对公司设施的管理,还涉及财务管理、社会关系等。如果在这块加入企业社会责任实践,企业可以尝试出具更为翔实的财务报表;响应政府的号召,树立"好企业公民"的形象;使公司的运营更加透明;通过游说的力量使有利于社会的政策得以颁布。

● 人力资源管理。这方面包括公司对员工的招聘、培养和薪酬福利制度等。很多有关心理学和组织行为学的研究表示,在人力资源管理中,企业可以在很多地方更进一步,培养出更有归属感、更能为企业带来绩效的员工。在此过程中,也实现了企业的社会价值和社会责任。企业在此方面可以具体改进的地方有:为员工提供技能在职培训和教育;安全舒适的工作环境;实现雇员种族多样化、无性别、国别、身体状况歧视;健康保障和其他福利;合理的奖惩制度和退休制度;平等和相互尊重的公司文化。

● 技术研发。对于技术密集型行业,企业可以和高校保持紧密联系,注重人才培养;进行研究时遵循道德,例如,在转基因研究和动物实验中要格外注意道德因素;对产品和生产过程的安全性进行严格检验;有效地回收与利用材料并减少或者消除其对环境的负面影响等。

● 采购。在采购实践中,做到不收受贿赂;不采购童工生产的产品;不购买违规品;对低收入供应方采用人性化收购价;对自然资源的运用符合可持续发展观。

● 企业内部后勤作业。包括与原材料的验收、储存、整理及存货控制、客户服务等相关作业。在其中,要注意运输中可能带来的尾气排放、固体和液体污染,以及一些可能对周围生物、环境带来潜在影响的行为,比如为了伐木而修建的公路会使周围植物和动物被暴露在人类活动范围之内。

● 企业运营。不同行业的运营过程各异,但以下几个方面值得注意:对排放物和废物的处理;对能源和水资源的有效运用;对员工安全的保障和稳定和谐的劳工关系;有害材料的谨慎运用和处理。

● 发货后后勤。这一环节包括产品集中、存储以及配送活动,如成品库存管理、搬运、送货车辆调度等;运输过程的安全保障,在包装的利用和处置以及运输带来的不良影响方面值得注意。

● 市场营销与销售。在营销过程中,要注重广告的真实性和广告对青少年的影响;定价方面可以向低收入人群倾斜;收集顾客信息,提供符合其需要的产品;同时要注重客户隐私的保护。

● 售后服务。在售后过程中,要做好对废弃产品的合理处理;实践企业对售后的承诺;在服务过程中保护客户信息。

以上只是对于企业在其经营的各个环节考虑实施企业社会责任的一般建议,也许看似简单,但企业能真正做到尚需付出更多努力。

不积跬步,无以至千里;不积小流,无以成江河;九层之台,始于垒土。一方面,战略性的企业社会责任要从一点一滴的细节做起、不追求投机性、炒作性的慈善活动;另一方面,要做到把企业社会责任融入整个企业价值链的活动中,要求企业经营者必须在战略层面重视企业的社会责任:只有站得高,方能看得远。

第六章 香港迪士尼——米老鼠的尴尬遭遇[1]

---

[1] 蔡舒恒教授在香港中文大学时,其 MBA 班级学生 Vince Chung、Gary Sou、Michelle Tam、Agnes Tse 和 Steven Tso 对此案例材料搜集整理亦有贡献。

也许，你曾听人们谈及环境保护。环境保护并不是少数人的事，它关乎人类，是一部早就写入自然法则的科学。纵然资源有限，但若能心存敬畏、物尽其用，则子孙万代受其福泽。

——沃特·迪士尼（Walt Disney）

不知你有没有去过香港迪士尼乐园？它是沃特·迪士尼在中国讲的第一个故事。沃特·迪士尼说："我不想让公众在我的公园里看到他们平时生活的世界，我希望他们感到身处另一个世界。"如今的香港迪士尼乐园，在每一个细节上都延续了这个传统，为这个故事作着贡献。在这里，游客们会发现公园里的四个"世界"(lands)：异想天开的"幻想世界"(fantasy land)、未来派的"明日世界"(tomorrow land)、异国情调的"海盗世界"(adventure land)、历史性的"美国小镇主街"(main street, USA)。同时，它也有着自己的象征，如雄伟的火车站、高耸的（而且是人造的）泰山树屋、故事书中的睡美人城堡、未来派的太空山等——这些都忠诚地服务于它所讲的故事。沃尔特告诉他的设计师，"当人们走过你设计的每样东西，你要能够让他们在离开时脸上都带着笑容。"香港迪士尼乐园的规划、建筑与设计部执行副董事说："我们的公园将人们心爱的迪士尼风格和流传于世的故事，与对本土元素的尊重相结合，确保游客们能够拥有在家的感觉，并能充分享受迪士尼的娱乐体验。"[1]然而，香港迪士尼乐园的诞生历程远不像它所讲述的故事那样美好。

---

[1] 资料来源："香港迪士尼乐园"词条，baike.baidu.com/view/171466.htm/，最后浏览日期：2013年8月15日。

迪士尼的全球野心

　　迪士尼乐园的成长史就是一部不断扩张的历史。1955年，第一家迪士尼乐园在南加利福尼亚的阿纳海姆市成立。15年后，在佛罗里达州，第二家迪士尼乐园开幕。在美国连续成立了两家迪士尼乐园后，巨大的成功和多年的营运经验使迪士尼的胃口越来越大。1983年，在日本东京，迪士尼走出了它国际化的第一步——建立了东京迪士尼乐园。1992年，迪士尼剑指欧洲，在法国巴黎建成了第一座欧洲迪士尼乐园。

　　就是这样一种不断扩张的精神，似乎已经融入迪士尼公司的文化，多少年来带来无数成功，屡试不爽。迪士尼乐园在美国南加利福尼亚州建成后，由于看到当地市场饱和的迹象，于是为了开拓新的市场和追求业务持续增长，迪士尼公司在佛罗里达州又落成一个乐园。但同时，迪士尼公司并没有放弃原有的公园，而是一边开拓新疆土一边稳固老地盘。正是这种"双管齐下"的策略，使其可以在全球范围内建立起娱乐主题公园老大的地位。如果你是迪士尼乐园的老游客，那么升级后的乐园将对你产生巨大的吸引力；如果你还未游览过迪士尼乐园，那怎会拒绝一个就近新落成的充满欢声笑语的乐园对你的吸引和召唤？

　　基于前两个本土迪士尼乐园的成功，迪士尼公司于1983年将第三个乐园放在了海外——日本东京。为何选择东京？这主要是迪士尼公司考虑到日本人对美国文化的崇拜与认同。基于此，可大大减少迪士尼进入外国市场的阻力。同时，该项目上马的时机可谓得天独厚，19世纪

80年代正是日本经济起飞的黄金时代。这笔投资让迪士尼赚得盆满钵满，海外市场的首战告捷也更坚定了它进一步开拓国际市场的决心。

迪士尼将视线从太平洋转向大西洋。欧盟成员国之间跨境旅游的便利使迪士尼开始对欧洲市场蠢蠢欲动。1989年，欧洲迪士尼项目开始在巴黎城外动工。但这次却不如上次顺利。由于没有预见到社会认同和管理方面的问题，导致其经营惨淡。其惨状甚至使当时迪士尼CEO迈克尔·埃斯纳（Michael Eisner）一度考虑让欧洲迪士尼关门大吉。幸亏在最终决策的前几天，迪士尼欧洲公司找到了紧急解决方案和一笔救援资金。

但这次欧洲失误并没有阻止迪士尼进军全球的进程。迪士尼公司在全球接洽有意向的政府，也包括美国的州政府。为了吃到美国东海岸的那块"蛋糕"，它也向弗吉尼亚州抛出了绣球。但由于当地民众的强烈反对，不得不作罢。之后，迪士尼又带着自己的方案来到悉尼，但同样是由于民众的反对，它又一次吃了闭门羹。

1990年，迪士尼公司找到了它的新目标——中国香港特别行政区政府。双方一拍即合，就迪士尼工程开展了一系列洽谈。而洽谈的相关事宜直至1997年才被中国香港特别行政区政府披露，当时恰逢金融危机的风暴刚刚刮过，能够给当地经济带来刺激的迪士尼项目无疑受到了欢迎，民众对此项目的反应则是全民通过。然而，当时并没有很多人注意到该项目的许多细节、尤其是与自然生态和社会影响相关的细节都没有向公众披露。

香港的吸引力

当然，迪士尼公司与香港特别行政区政府的情投意合并非偶然。

香港得天独厚的优势对迪士尼公司诱惑巨大。其繁荣的旅游业和自由的购物环境,使这块"风水宝地"无愧"国际购物天堂"的称号。其独特的购物体验、价廉物美的东方美食,以及东西合璧的当地文化,是其旅游业蓬勃发展的助力。另外,为了让旅游业带动整个经济的发展,中国香港特别行政区政府出台了一系列措施刺激旅游和消费,保证其作为亚洲第二"最受欢迎城市"的地位。例如,中国香港特别行政区政府在过去的几年里,相继打造了很多旅游景点。

- 位于米埔沼泽区的国际湿地公园。
- 位于西九龙的世界级艺术展览区。
- 在大屿山建起了链接东涌站和"大佛像"的缆车系统。
- 斥资五亿港元,在海洋公园打造了"冒险湾"。
- 在港口边打造了新的海滨长廊。

香港市场究竟是块多大的蛋糕,我们一起来看看。

香港旅游市场

香港迪士尼的目标市场主要是以家庭形式出游的亚洲游客,主要来自中国内地、中国台湾和东南亚。1999年,香港旅游市场的分布主要为29%的内地游客,59%的中国台湾和东南亚顾客。在迪士尼入驻之前,香港已有了发达的商业和旅游业,但香港特别行政区政府相信,迪士尼的入驻,可以弥补旅游市场中"家庭出游"这部分的空缺。

香港的目标市场可进一步细分

内地游客(1998年内地人口总数约12.5亿)。由于中国政府在旅游方面的政策,内地居民要想境外旅游,仍然困难重重。但香港无疑是这项政策的受惠者，1999年接待内地游客就达300万。该数据甚至是在政府控制的定额下的数据，可以预见，即使没有迪士尼项目，来港的内地游客也会持续增加。

来自东南亚的游客。与东京相比，对东南亚的游客而言，香港的优势不言而喻——在香港的花费更低。同时，在香港旅游，语言障碍对多数华裔而言远低于去美国、日本或法国旅游。

来自其他国家的游客。毫无疑问，作为国际级的旅游区，香港对世界各国的游客都有着毋庸置疑的吸引力。同时，众多的旅游景点将与迪士尼乐园一同提供让人难忘的旅游体验。

中国内地购买力和去港旅游的相关规定

当香港迪士尼建造之时，内地的经济正处于腾飞阶段，与之对应的是内地居民日渐鼓起的钱包。中国的GDP以前所未有的速度增长着，仅在2000上半年，就高达39亿元人民币，成为世界上第七大经济体。另外，中国的购买力平价仅次于美国，位于世界第二，逐渐导致出国旅游热，内地游客无疑也是参观香港迪士尼的一大潜在客户群。

市场障碍

当然，除了上述的利好因素，迪士尼公司进入香港市场并非没有风险和进入障碍，比如定价和市场竞争方面，迪士尼公司仍需要进行仔细评估。

定价障碍。对于香港迪士尼来说，如何定价是个难题。亚洲消费者(尤其是中国内地消费者)对价格极其敏感，喜欢讨价还价。在欧洲迪士尼经营时，由于定价的失误，该价格超过了目标人群——法国中等阶层的消费能力。本来，香港迪士尼将价格定在680港元，但考虑到中国市场的特性，这可能超过了平均消费者的能力。迪士尼又一次无视消费者的承受能力盲目定价。

同类竞争。在2000年时,海洋公园是香港唯一的娱乐主题公园。与迪士尼乐园相比,它虽然更便宜,但规模也更小。由此看来,海洋公园带来的竞争也还有限。但在与香港毗邻的深圳,有一家大型的娱乐公园,不过这似乎也没有给迪士尼太大的威胁。由于跨地旅游带来的时间和金钱上的花费,使得两家公司即使跨界相望,也能和平共存。

可以说,粗粗比较之后明眼人都能看出来,开启香港迪士尼乐园是桩未来收益大于潜在风险的好买卖。更何况,金融危机后为重振香港经济,香港特别行政区政府急切希望将迪士尼主题公园项目作为拉动经济的着力点。当宣布迪士尼将带来无与伦比的旅游商机和巨大的就业潜力时,这个城市都沸腾了。经济危机过后,迪士尼就像是一棵救命稻草,米老鼠的笑容像天使一样可爱。

有意思的是,在与香港特别行政区政府斡旋期间,迪士尼也频频向上海市政府示好。迪士尼甚至在媒体上发言称,它将在亚洲建造一个主题公园,但在香港和上海之间尚举棋不定。迪士尼公司真的那么"犹豫不决"或者"脚踏两只船"吗?又或许这不过是迪士尼耍的花样而已,目的在于通过这个方式来抬高身价从而获得香港特别行政区政府各个方面更多的支持?

经过九个月漫长的谈判,香港特别行政区政府和迪士尼公司最终达成了初步协议:即在香港建立迪士尼全球的第十一个主题乐园——香港迪士尼乐园。该公园初步选址在大屿山的竹篙湾岛屿上,建造费用高达224.5亿港元,但预计会在未来40年内,为香港带来1 480亿元的收入和36 000个工作岗位。考虑其带来的好处远胜成本,香港特别行政区政府同意在2001年11月动工,虽然香港市场存在诸多不确定因素,但迪士尼对未来仍信心十足。

潜在的危机

然而,精明的香港人不久后发现,事情好像远不是计划中的那么完美。该项目的实际收入和就业拉动低于预期,同时,政府和迪士尼公司的利益分摊不均也导致了项目的危机。更让公众担心的是,该项目的实施过程中产生了巨大的环境成本。同时迪士尼公司对于凸显问题不作为的态度,也激起了公众的抗议。面对公众的抗议和让人失望的业绩,迪士尼保卫自己"环保"之名的美誉迫在眉睫。

公众缘何反对呢?这又回到了企业社会责任的话题。在香港过去几十年的发展中,由于人口的膨胀,自然环境被严重破坏。类似香港机场和纲线湾的数码港项目,都是当时媒体议论的热点。如果再加上迪士尼项目,恐怕香港脆弱的生态系统根本无力承担如此巨变。这后果不仅仅是环境的恶化,在公众眼中,还会演变为香港特别行政区政府形象的丧失。

环境成本

主题公园将在竹篙湾动工建造。影响竹篙湾发展的不只是主题公园本身的建造,还带动了许多附属工程(参看附录1)。而在这些建造过程中,暴露了一系列环境问题(参看附录2)。

(1) 财利船厂。财利船厂是竹篙湾附近的一家废弃的船厂。在造船厂下方,陈年累月地积聚了不知多少有毒的化学物质。如果在污染未被清理前就开工建楼,那么这些污染物无疑会渗透出来污染周围水域,最终影响生物链的高端——例如,中华白海豚和周边居民。

第六章 香港迪士尼——米老鼠的尴尬遭遇

在向香港立法委员会提交迪士尼议案时,香港特别行政区政府有意省略了该清理费用,仅告知议员该项目可以产生1 480亿港元的收入。直至议会批准项目之日,香港特别行政区政府都未到具体地点去测试土质。因此,这19公顷的土地到底需要多少清理费用,竟无人知晓。此时,当地的绿色环保组织公开揭露了迪士尼议案的重大弊端,称其为"骗局"和"对香港自然环境的进一步剥夺"。"地球之友"通过对比美国普季特湾海军造船厂的例子(其清污费用高达4.3亿港元)后得出结论,清理竹篙湾的费用将是一个天文数字。

(2) 填海造陆竹篙湾。香港最缺的是什么?是土地。可是建造迪士尼乐园最需要什么?也是土地。为了解决这个麻烦,香港特别行政区政府决定采用填海造陆的办法来提供土地。就是把海沙和附近的土壤用挖土机或挖泥船挖出来,再填入目标海域。为给迪士尼乐园提供土地,整个造陆的过程将长达16个月之久,届时凭空生出290公顷的土地——整整五个跑马场那么大。除了建乐园,该陆地上还会造一个水上娱乐中心、一个度假村、一些机构所在办公处,以及相应的公路、铁路、长达3 500米的防波堤等基础设施。

然而,在整个挖掘造陆的过程中,会对当地的生态产生很大的破坏。更严重的是,海水搅拌的过程对水中的生物来说是致命的。造陆的后果就是水中的悬浮固体密度会迅速上升,而这会导致三个结果。首先,海水会变得更浑浊,能见度降低,阳光摄入的大幅降低最终将导致底层生物链的锐减;同时,生活在海底的滤食性无脊椎动物依赖纯净的海水,随着海水的浑浊,珊瑚带和敏感的潮间带的生物会逐渐消亡;殃及的还有海里的鱼类,由于吸入含有大量固体悬浮颗粒的海水,它们的黏膜会黏附这些小颗粒,从而呼吸困难,导致漫长而痛苦的死亡。另外,随着潮汐和洋流,这些影响会缓慢地、更广泛地显示出其危害作用。

要看到这些恶果并不需要等太长时间。随着计划步入实施，人们很快就验证了自己的猜想。大屿山北部马湾鱼类养殖区的养鱼人注意到水的可见度从10英尺下降到2英尺，同时，鱼类的死亡率大幅上升。据渔民记录，在造陆的前三个月里，鱼的死亡量竟达到了历史上的最高点（超过4 000条鱼类由于细沉积颗粒在鱼鳃而死亡）。这是个相当严重的问题，不仅仅是对当地的渔民，也是对香港千千万万的食客，因为餐桌上70%的海鲜都来自马湾养殖区。

（2）对当地濒临物种的影响。在大屿山内，居住着一种叫白腹海雕的珍稀鸟类。科学家和环境保护者一致认为公园施工产生的噪声以及后期每晚的烟火展示将会赶走这些最原始的居住者。为了安抚居民的焦虑，建筑部调查称只要控制施工的进度和扩大工地与鸟群的距离就会减少对鸟类的骚扰。具体地说，烟火表演将被移至800米以外，而激光仪的功率不会超过30瓦。该报告同时建议在鸟儿居住的地方，建立一个10公顷的水域作为缓冲带。

对此，环保组织批评这些应对措施真是天真可笑、纸上谈兵。

同时，在迪士尼选址的附近，发现了一丛濒临灭绝的猪笼草。公园负责人提出在植物周围筑起一道防护栅栏，这样，周围的施工就不会带来影响。这样的方案也不被埋单、被环保组织评价为"肤浅而幼稚"。

媒体还披露了了一个埋藏已久的秘密：迪士尼得到了一笔不菲的津贴，通过出让部分所有权，它降低自己的投资风险。由此，迪士尼的目标转为通过管理费和特许经营费来实现盈利。这让人对迪士尼项目产生了更多疑问。

一位匿名的香港迪士尼管理层发言说，其实迪士尼在环境问题上不负责，原因是因为建造乐园的土地是由香港特别行政区政府提供的。同时公司还声称香港会定期填海造陆，渔民的申诉只是希望得到金钱补偿而已。当被问及在环境管理方面，以及迪士尼公司将对香港迪士尼以什么水平进行管理时，迪士尼公司都拒绝回答。

糟糕的开局

整个香港迪士尼项目耗时六年，2005年9月12日，迪士尼乐园迎来它在香港的盛大开业。但是由于忽视环境保护，风靡大众的米老鼠在香港却备受批评。香港的环境被破坏了，同时迪士尼的声誉也所剩无几。最初，迪士尼拒绝透露入场人数，媒体有报道说公园的游客数目可能会低于预期。最终，在公众和媒体的压力下，迪士尼作出让步，宣布开业两个月后，即2005年11月24日，迪士尼正式接待了100万游客观光。为了扭转负面局势，提高游客人数，香港迪士尼乐园宣布在2005年圣诞节前的期间，凡持有香港身份证，门票可享受减免50港元的优惠。

开业之后，迪士尼的管理经营也备受诟病。迪士尼乐园本当由私人企业——香港国际主题乐园有限公司经营，但它却得到了公共资金的资助，这怎能不让公众生疑？同时，在开业前两个月内，还"巧合"地发生了一系列事件，使当地的艺术家、记者及立法会议员群情激奋、口诛笔伐，迪士尼乐园不得不公开道歉。其中有一件事是一位《金融时报》记者批评香港迪士尼乐园的管理风格，称其是在这个世界上"最可怕的地方。"另外，正式营业的一个月前，当地影视明星吴彦祖在迪士尼乐园取景时受到美国迪士尼工作人员傲慢和不公正的对待，继而他向媒体投诉并发誓自己永不再去这座乐园。

另外，在主题公园正式营业后，香港迪士尼的一些做法更深深地伤害了香港人民的感情。例如，乐园的表演人员抱怨工作负荷太重而薪水少得可怜。一位新成立工会的发言人表示，他们工作超过12小时，其间休息时间严重不足，导致这些员工不堪重负、怨声载道。对此，娱乐部副总裁劳伦·乔丹（Lauren Jordan）却傲慢地回复："总会有几个认为薪酬太低、工作太重的员工,这很正常。"

那些在白天进行娱乐项目表演的演员,希望和舞台表演员工拿同样的工资(前者的入职薪酬平均约 9 000 港元/每月,后者约 11 000 港元/每月)。但管理层并未满足他们的要求,只是宣布在炎热和潮湿的夏季,与游客互动 20 分钟后,项目表演的员工可以将休息时间延长到 40 分钟,同时也为他们配备了冷却背心。

大约在同一时期,一家新的工会在香港迪士尼乐园成立。新成立工会就员工的待遇向媒体大倒苦水。工会指责迪士尼乐园管理层不予工会充分肯定,甚至就连解决劳资关系冲突的实践水平也远低于其在美国的同事。

麻烦的事还不止这些。2005 年 6 月,公园开始试行夜间烟花表演,产生的烟雾和噪声引来附近愉景湾居民的投诉。同期,当地的区议员和环境监督管理会披露,迪士尼乐园管理层曾拒绝他们的提议,不愿安装更清洁、更低噪声的夜间烟花空中发射系统,而此系统在美国加州的迪士尼乐园早已经得到普遍应用。

改变,期待转机

为了回应公众的严厉批评、保证其自诩的"绿色和可持续管理",香港迪士尼乐园不得不采取一系列展示其企业社会责任的措施:(1) 遵守当地的法律和法规;(2) 鼓励游客、员工和更多人参与环保行动;(3) 不断寻求和推动超越地方监管要求的环保措施。与此同时,香港迪士尼鼓励员工参加义务工作、支持及参与各种社区事务。迪士尼通过"迪士尼赏义工行动"在 2010 年鼓励香港市民贡献约 35 万小时义工服务,惠及 700 多个本地慈善团体及社福机构。另外,

"迪士尼儿童基金"在三年间与香港的慈善团体及社福机构合力开展了26个极具创意的儿童发展项目,帮助加强孩子学习能力、培养品德及促进亲子关系。

2007年,迪士尼推出的"自然之旅在迪士尼"计划,让视障人士也能参加迪士尼自然之旅。在5·12汶川地震灾区,迪士尼公司通过捐助给予积极援建,并于5·12三周年纪念之时,香港迪士尼乐园义工队进入青川县竹园镇义务工作,帮助当地居民建筑房屋,同时也将乐园的快乐带给灾区的孩子。迪士尼乐园的"香港绿行者计划"于2011年2月正式启动,该计划鼓励孩子与朋友们一起为环保作出承诺并付诸行动,为环境带来正面改变,将环保理念带给更多人。

其实,为了自身和后代的发展,沃尔特·迪士尼公司很早开始就一直在积极筹备建立环境遗产(参见附录4)。在鼓励全球员工、游客和商业伙伴对环境负责的同时,它自身也寻求如何将对环境的破坏最小化。具体而言,迪士尼的目标是节约用水、节约资源、保护生态系统、减少温室气体的排放、最大限度地减少浪费,用这些努力来保障环境的可持续发展和唤醒公众的环保意识。该公司还试图通过创新的研究方式来识别其经营对环境直接和间接的影响。

2008年,香港迪士尼乐园酒店及迪士尼好莱坞酒店荣获香港酒店、餐厅及餐饮公司类别中的环保卓越金奖。曾荫权出席该颁奖典礼,并嘉许对环保作出卓越贡献的机构。香港迪士尼乐园度假区的董事、总经理金民豪(Andrew Kam)承诺该度假村将继续对环境产生积极的影响。将落实节约水、能源和保护生态系统方面的行动,减少废物和温室气体排放,同时监控公司运营和设备对环境的影响。此外,公司还会举办各种各样的活动来鼓励员工和顾客更关心身边的环境。

看来来自香港社会各界的抗议声浪促使迪士尼公司有所改变。

我们当然乐于看到这样的改变——香港迪士尼糟糕的开局和品牌危机通过履行企业社会责任将双输的结果转为双赢,皆大欢喜。

总结:不再简单的企业社会责任

反思此事,香港迪士尼备受诟病的做法其实是只遵从自由主义经济理论的"股东中心主义":企业作为社会的主要经济组织,在为社会提供产品和服务的同时,赚取利润是其唯一目标。

然而近年来,这种想法受到越来越多的质疑,"利益相关者理论"在社会上的影响却日益增大。该理论认为企业的目标函数不应该是股东利益最大化,利益相关者应分享企业剩余和控制权。利益相关者除股东外,还有债券持有者、贷款者等债权人、一般员工、经营者、供应商、顾客,甚至还包括企业所在地的地方政府部门等(如图6-1所示),企业决策过程要考虑企业运营活动对所有利益相关者的潜在影响。

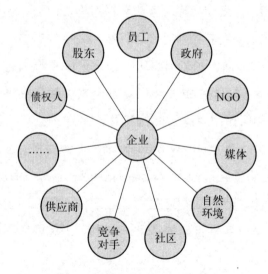

图6-1　企业和企业利益相关者

第六章　香港迪士尼——米老鼠的尴尬遭遇

在香港迪士尼的案例中，正是来自环保团体、广大市民和社区的抗议推动了迪士尼的改变。但仅仅增加对环境的关注就足够了吗？对迪士尼这样的跨国企业，没有把可持续发展和自身的企业社会责任融入公司的战略，甚至有意忽视自身责任，这不得不说是一种遗憾。由于管理层的短视导致其忽略绿色经营和企业道德的重要性，损害了迪士尼在过去很长时间内苦心经营起来的良好品牌形象，使得自身在很多方面陷入被动地位。对于跨国公司来讲，其宝贵的声誉一旦被玷污，所产生的负面影响也是全球性的：在一个特定的地区/国家失败的企业社会责任经历也可以影响其全球范围内的其他分支。香港的教训应当使迪士尼更加谨慎，在新的制度环境下虽然企业社会责任意识可能尚未苏醒，但它需要坚持其已经建立的高标准，不能再靠赌博的心理为自己争取短期的利益。在这一点上，我们对上海迪士尼拭目以待。

伴随中国公民意识的提升和市场竞争的加剧，企业社会责任和可持续发展逐渐成为一个企业赢取品牌优势的新式武器。通过有针对性的社会责任项目，企业可以提升其与不同合作伙伴以及利益相关方的合作关系；借助社会责任项目，企业可以把自身品牌健康的、有责任的形象更加有效地植入消费者心中。

附录1　迪士尼乐园工程项目

（1）建设一个1.8公里长的两车道的高速公路。

（2）建设一个1.1公里长的双车道分道公路，包括东南水上康乐活动中心的P2交通圈。

（3）建设0.85公里长的中央行人天桥。

（4）沿着南面的竹篙建设海堤长廊。

（5）建设一条行人隧道及水上康乐活动中心的P2交通圈。

（6）星光大道湾电站的建设。

（7）三个停车场，两个在主题公园附近，一个在水上康乐活动中心。

（8）建设一条连接P2路水上康乐活动中心的路。

（9）在竹篙湾公共交通交汇处建设星光大道。

（10）建设3.2公里长的三线行车的高速公路，连接现有的北大屿山公路与未来的10号线。

（11）建设1.83公里长的高架双车道公路。

（12）在竹篙湾连接路和P2路口建设一个交通圈交会处。

（13）在阴澳建设公共运输交会处。

（14）建设竹篙湾铁路线。

附录2　海洋填海的成本

（1）机会成本

● 减少海洋生物的食物资源。

● 减少海洋休闲机会（例如，游艇和钓鱼运动）。

● 海上通道的航运事故的可能性增加。

● 破坏的景观和气候变化（温度升高，洋流的改变等）。

（2）实际施工过程的成本

这里的成本包括填海工程的实际成本（包括土沙收集相关的补偿支出），社会资本的维护费用（港口、公路、铁路、水和地下管道），以及大气、海洋和噪声污染成本。

(3) 人类活动所产生的成本

这里包括运行香港迪士尼乐园的维护和管理成本,资源浪费和排水管理的成本。

附录3　公众对香港特别行政区政府的满意度

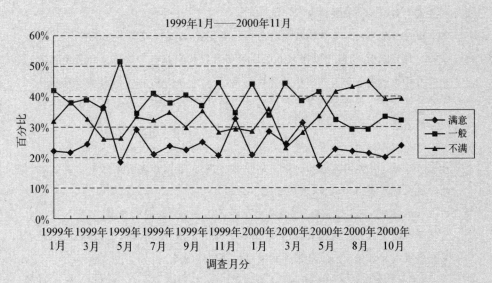

图 6-2　公众对香港特别行政区政府的整体表现满意度

附录4：华特·迪士尼公司宣布重大的长期环保目标①

在迪士尼《2008年企业责任报告》中,首次详细阐述了公司如何通过行动,肩负起从慈善捐赠到儿童营养、从网上隐私到雇员发展多样化等主要议题的社会责任。

迪士尼公司总裁兼首席执行官罗伯特·艾格(Robert A. Iger)表示:"迪士

---

① 资料来源:参考自《华特迪士尼公司宣布重要的长远环境目标 迪士尼首份内容全面的企业责任报告列出策略性环境目标和指标》,http://biz.cn.yahoo.com/090310/6/sxv1.html,最后浏览日期:2013年8月15日。

尼加大了在企业社会责任方面的努力,提升了我们的品牌和产品吸引力,加强了我们跟客户的纽带,使公司成为受人仰慕的工作地点,也在迪士尼开展业务的社区建立起了良好信誉。所有这些增进了股东价值。"

这份互动多媒体报告现在可以在迪士尼主页(http://www.disney.com/crreport)上获取。它详细地描述了公司在五个范畴的理念和活动,这五个范畴是:儿童和家庭、产品和内容、环境、社区以及工作场所。详细资料包括公司的首份综合性温室气体排放清单,以及有关迪士尼在食物健康指引和电影吸烟镜头方面崭新政策的最新消息。

由迪士尼不同业务的高层组成的环境委员会,以迪士尼环境事务部过去20年的工作为基础,用两年时间制定了这份新的目标和指标。该委员会负责就迪士尼对环境的影响制定并实施可持续策略,同时利用公司的文化影响力鼓励正面的行动。在分析公司的营运和制定策略性目标方面,委员会始终抱着审慎而科学的态度。

迪士尼高级执行副总裁兼首席财务官托马斯·斯塔格斯(Thomas Staggs)表示:"虽然迪士尼一直在环保方面起到带头作用,我们还是要采取更多更长远的措施来保护我们的地球,造福后代。"

长远目标包括:零废物,直接来自燃料的温室气体净排放为零,减少来自电力消耗的间接温室气体排放、对生态系统有正面影响,水资源使用减到最低,产品碳排放减到最低,传达、准许并鼓励积极的环保行动。

"迪士尼带头认定这些目标,尤其是在全球经济形势如此严峻的时候这样做,值得令人称道","保护国际"(Conservation International)主席兼首席执行官彼得·泽利希曼(Peter Seligmann)表示,"迪士尼的愿景凸显了全球民众对环境问题的持续关切,以及一个越来越被认同的观点,即在环保方面起到的带头作用有助于重振经济。""保护国际"也为迪士尼制定其新目标提供了建议。

《2008年企业责任报告》代表了迪士尼在社会责任和环保工作方面的最新一页,反映了整个迪士尼公司为建立一个全面、透明的策略所付出的努力,致力满足公司的重要利益相关方,包括消费者、员工、股东、业务伙伴和邻近社区的需求。报告的结构如下。

- 儿童和家庭
- 指引原则,儿童的健康和营养、创新实践、节目制作理念和市场推广政策
- 产品和内容
- 标准和实践,产品安全政策和资讯

- 环境,环保措施、进展和长期目标
- 社区
- 慈善捐赠、迪士尼义工队和社区关系活动最新消息
- 工作场所
- 员工发展多样化、福利和国际劳工标准

此外,还有一套内容更为广泛的刊物连同该报告一起发布。六份附加报告主要提供了迪士尼乐园和度假区及旗下业务的资讯:迪士尼邮轮、华特迪士尼世界、迪士尼乐园、巴黎迪士尼乐园和香港迪士尼乐园。

第七章　通用电气公司——跨国巨头的绿金之路

绿色创想计划旨在满足客户对更为节能产品的需求，促进GE的稳步增长。绿色创想还体现了GE的以下承诺：在确保公司实现利润增长目标的同时，致力于对未来进行投资，以创造出解决环境问题的创新解决方案，并为客户提供有价值的产品与服务。

——通用电气绿色创想宣言①

本书最后一个案例给读者呈现的是来自美国的一家百年公司——通用电气。通用电气，这家曾经把电灯带给千家万户的伟大企业，如今是世界上最大的提供技术和服务业务的跨国公司，业务分布在航空、能源管理、石油天然气，以及发电设备和水处理等多个领域。而以上这些在很多读者记忆中应该是冒着黑烟的高耗能、高污染产业，正是通用电气绿色业务大展身手的广阔天地。就在不久前，通用电气新任CEO杰夫·伊梅尔特（Jeff Immelt）提出了"点绿成金"（Green is Green）②的理念和"绿色创想计划"（Ecomagination）。作为一项业务战略，"绿色创想"已经取得了巨大的成功：截至2012年年底，"绿色创想"产品组合包括140多种产品和解决方案，已经产生了1 050亿美元的销售收入，超越了通用电气所设定的"绿色创想"业绩增长目标，其增长速度也快于公司的其他业务。当然，通用电气的绿色战略并非突发奇想和追赶潮流的结果，而是经历了很长时期的积累和实践之后逐步成熟的理念。下文将带读者回顾通用电气的绿金之路，看这家跨国公司是如何把对环境的责任成功地融入企业发展战略之中的。

---

① 参考自通用电气公司绿色创想计划专题介绍页面，http://www.ge.com/cn/company/ecomagination/index.html，最后浏览日期：2013年8月15日。
② 美元是绿色的，所以"Green is Green"中第二个green指美元。

历史上的通用电气

通用电气公司(General Electric, GE)是美国一家提供技术和服务业务的跨国公司。通用电气源于爱迪生1876年创办的爱迪生电灯公司。1892年,该公司与汤姆森-休斯顿电气公司(Thomson-Houston Electric Company)合并,成立了通用电气公司。通用电气历史久远、底蕴深厚,如果说当今世界有些公司的力量已经超越了政府,那么通用电气就是这样一家影响深刻、广泛的企业。在公司100多年的发展历史中,通用电气积累了雄厚的人力、财力、物力和智力,它的任何一个决策和举动,都与世界经济息息相关,也对社会发展产生巨大的促进作用。如此,通用电气敢把公司新格言定为:"想到,做到"。"通用电气不预测未来,而是创造未来"[1]。

回顾公司发展历程,通用电气公司这家美国企业秉持的是"股东价值"(shareholder value)的经营理念——公司的一切行为目标都是为公司攫取最大的利润。而通用电气公司在19世纪和20世纪前期也取得了骄人的成绩:通用电气是全球最大的家电制造商之一;航空通用电气为美国涡轮喷气机提供飞机发动机;通用电气照明从发明世界上首盏白炽灯开始,已经拥有了超过100年的历史;金融通用电气在全球为超过35个国家提供贷款、运营租赁、融资计划、商业保

---

[1] 资料来源:http://www.ge.com/cn/company/history,最后浏览日期:2013年8月15日。

险等,为超过 1.3 亿客户提供信贷服务[①]。

除了商业上的成就,通用电气在科技上也作出了巨大的贡献,1900 年,通用电气成立了第一个研发中心。到现在,通用电气已经拥有四个世界一流的研发中心,分别位于美国纽约州、印度班加罗尔、中国上海和德国慕尼黑。这些先进的研发中心帮助通用电气在医疗、能源、轨道交通方面取得了很大的技术创新与优势。通用电气研发中心还诞生过两位诺贝尔奖得主。

从一定程度上来讲,股东利益为导向的价值取向非常有效地指导了通用电气前期的发展。然而,在 100 多年的发展历程中,因为忽视了股东之外的利益和环境保护的责任,通用电气遭受了一次重创。

环保危机

通用电气在 20 世纪曾经遭遇过非常严峻的环境危机——哈德逊河(Hudson River)危机。

哈德逊河位于纽约州,是美国的主要水道之一。有上百种鱼类栖息于此,同时,哈德逊河对居住于河流两岸的居民的娱乐也有着至关重要的影响。然而如今,它却成为全球范围内多氯联苯类(PCB)污染物的重灾区之一。

这一切源于 20 世纪中期,通用电气公司在哈德逊河沿岸建造了两家电容场。这两家电容场在生产过程中将一种叫做多氯联苯的化学物质直接排入附近的哈德逊河中。而在当时的环保检测技术条件

[①] 资料来源:"通用电气"词条,http://zh.wikipedia.org/wiki/%E9%80%9A%E7%94%A8%E7%94%B5%E6%B0%94,最后浏览日期:2013 年 8 月 24 日。

下,人们并没有注意到这种化学物质会给环境带来危害。所以,通用电气的两家电容场向河中倾倒 PCB 的行为一直持续了 30 年。

然而到了 1976 年,随着环境保护科学技术的发展,人们发现 PCB 是导致癌症的物质之一,并且多氯联苯类污染物的化学性质非常稳定,很难在自然界分解,与土壤及沉淀物的结合也非常牢固。在动物体内,PCB 污染物呈现多种有毒特性,包括降低免疫系统、损坏肝脏、导致肿瘤生成、神经中毒、改变生物行为、破坏生殖系统和内分泌系统等,同时,PCB 也是导致智障的原因之一。在认识到 PCB 对人体的严重危害之后,美国联邦政府下令禁止通用电气公司继续向哈德逊河中倾倒 PCB。然而,木已成舟,此时的禁令显然已经为时已晚。

据估计,从 20 世纪 40 年代后期到 1977 年,通用的两家电容场一共向哈德逊河排放了约 600 多吨 PCB,有 200 吨到 300 吨留在了河底的沉淀物中。在整条哈德逊河,一直到纽约港入海口,都有来自通用电气的 PCB 污染物的存在。虽然通用电气的工厂早已停工,但是污染已经深入土壤、地下水和位于原厂址下方的基岩内。直到今日,噩梦仍未散去,平均每天还有 100 多克的 PCB 从地下水及基岩渗透到河水中。

在美国联邦政府颁布禁令之后,遭受到污染危害的人们一起向通用公司要求索赔。然而,通用电气一开始并没有选择去承担自己的责任。本着利润最大化的原则,它百般推诿,多次利用媒体战和政治舆论来逃避处理河流污染问题,并在发动的媒体战中声称是海捞船只导致了 PCB 污染,同时还在法院攻击《舒玻尔基金法》(*The Superfund Law*),此法规定:产生或转移环境废物的个人或公司对清理废物有不可推卸之责任。换言之,该法案规定即使有害物质产生于 30 年前甚至更久,有害物质的制造者也应该对污染负责。

然而，通用电气的抵抗在日益严重的环保问题和来自政府的压力面前并没有起到太大作用，它逃避反抗的声音反而在美国大众环保意识不断觉醒的环境中显得越来越微弱。2002年，通用电气被美国环境保护局勒令负责处理哈德逊河段被污染的一段大约长达40英里的河流。清除哈德逊河流污染的行动使通用电气付出了巨大的人力、物力和财力。

清理工作的难度非常之大。这需要爆破基岩或者在基岩中打洞，才能截断基岩中缓慢渗漏的PCB。同时，搬运沉积物和移除PCB的过程也加速了有害物质向下游的转移。因此在此过程中，下游PCB含量数次超标，导致挖掘工作多次中断。清理工作的规模也是非常惊人的，所需治理河域面积大约为20公顷，共有500多位通用电气的专业员工参加了这项工作。如果没有通用电气这样雄厚的财力人力，其他公司早就要被拖垮了。即使对通用电气而言，这也是一次空前绝后的环保负债和危机。在第一阶段的清理工作中，通用电气已经花费了8.3亿美元。2010年，通用电气再次拨出5亿美元，用于清理河底的有毒化学物质。据估计，通用电气对哈德逊河的清理工作的总开销多达14亿美元，其损失的金额远比所有PCB有关产品销售利润总和多得多。

经过了如此的变故，通用电气不得不反思自己的企业行为以及其对环保造成的各方面潜在影响，并决定制定指导行为的企业价值观念章程和改进公司决策流程。

哈德逊河事故给通用电气公司和其他企业提出了一个共同的问题：如果一味地以经济利益至上而置自然环境于不顾，是否就能使企业基业长青？是否在对污染事故和环保责任上推诿、与监管机构进行躲猫猫或者舆论拉锯战就能使公司长久获益？

答案必然是否定的。

此外，从此次环境危机中我们可以看到通用电气先期忽视环保责任的短视行为。尽管看到倾倒工业废物会对环境造成影响，但因为倾倒 PCB 的行为在当时并没有违反法律，通用电气选择对潜在的污染视而不见。这样的做法，最终让通用电气在 30 年后尝到了苦果。环保意识对于一个企业的长远发展的重要性也从此得以体现。

值得肯定的是，通用电气也从此次危机中吸取经验教训，在以后的经营中为自己制定了严格甚至是苛刻的环保标准，并根据可预见到的未来标准的提高而系统地对企业的经营生产活动作出一些改变和调整。除此之外，通用电气也把对环境保护的责任纳入企业的价值体系当中，并将其作为以后业务发展和全球战略布局的重点。

绿色改革

通用电气究竟采取了哪些措施来体现自己在企业价值观念上的转变呢？究竟什么样的具体做法既能保证企业盈利，又能时时刻刻担负环境保护的重任呢？

首先，通用电气选择了在自己的企业中推行 EHS 管理体系——环境（environment）、健康（health）和安全（safety）。EHS 管理体系的目标指标是针对重要的环境因素、重大的危险因素或者需要控制的因素而制定的量化控制指标。目标指标可以是保持维持型的指标，如控制年度工伤率在千分之几以下；也可以是改进提高型，如将某种资源的利用率提高多少个百分点。EHS 管理体系体现了企业在环境、职业健康和安全保护方面的努力方向和基本承诺。

同时，通用电气在自己的组织设置中增加了一个专业部门——企业环境项目部（corporate environmental program，CEP）。企业环境项目部负责包括环境、健康和安全所有相关方面在企业经营中落实；时刻跟踪企业从产品设计上的环保风险、到生产工艺过程中工厂会遇到的问题，再到客户使用通用电气生产出的产品后的反馈，以及对未来风险的一些控制和预测等。

在通用电气 CEP 部门的组织结构中，此部门又由三个团队组成——运营团队、法律团队和执行团队。运营团队主要负责的是使 CEP 拥有一些运行项目的工具，以及发展出新的工具，同时建立更有效运营的体系来保证内部运行的安全完善，确保运行当中的环保、健康和安全的落实到位。由于要监管整个集团的相关操作，这个团队的工作量繁重，但是规模并不是最大，只排在第二位。

CEP 部门中规模最大的团队是法律团队，正如上文所描述的，通用电气在它的发展历史上留下了不少的持续多年环保索赔、污染物清理等有待进一步解决的问题，因此，通用电气成立了专门的法律团队来应对。

CEP 的执行团队主要负责处理通用电气繁多的资产受益和亏损情况，比如在收购新的工厂或者关闭一些工厂时对一个新的场地进行细致的环境评估等。这支执行团队的专业化、细致化程度居世界领先地位，并配备世界顶级的科学家和检测实验设备。例如，通用电气计划收购一家工厂留下来的场地，这支团队就会被 CEP 派去检验当地的空气质量、土地、水资源甚至于地下水等一系列环境因素指标。

除了关注这三个团队发挥的作用以外，还应该引起注意的是 CEP 团队的领导模式。通用电气公司的 CEP 部门在成立后的 20 多年中，一直是由一名公司副总裁亲自管理，这位副总就是大名鼎鼎的斯蒂夫·罗姆斯(Stiff Ramsey)，全美著名的大检察官之一，专门负责工业集团中违法的案件诉讼。他对历史上的违法案例、大公司应该采取的行动、法律的具体规定都相当熟悉,因此,处理此方面问题更是得心应手。

通过以上的种种策略,通用电气在美国重拾声誉。2005年起,通用电气正式发布了"绿色创想计划"。"绿色创想"是通用电气新启动的投资战略。用CEO伊梅尔特的话说,此计划是为了实现通用电气在全球范围的"可持续发展"。"绿色创想"全球战略旨在帮助客户解决来自环境问题的挑战,从而促进通用电气业务的稳步增长。在此计划中,通用电气将绿色能源技术当作可持续发展的核心动力,将绿色能源技术的开发作为研发的重点,使企业在产生良好经济效益、实现自身节能环保的同时,为客户提供高能效的和环保的解决方案,帮助他们实现绿色增长的目标,保持企业长久、可持续发展。"绿色创想"计划体现出通用电气的社会责任感,在实现本公司利润增长目标的同时,对社会的绿色未来和环境保护进行投资。在此计划的指导下,通用电气重点投资研发并生产出一系列绿色、节能、高效的产品,并推出帮助其他企业控制排污、降低能耗的绿色服务项目,都取得了巨大的成功,这进一步稳固了公司在母国市场的老大地位。

然而,当通用电气进入中国——这个社会环境与美国截然不同的古老国度时,它是否还能继续坚守自己新建立的企业绿色价值观呢?通用电气在发展中国家肩负社会责任的道路上又遇到了哪些新挑战?

进入中国市场:沉重的联姻

早在1906年,通用电气就开始发展与中国的贸易,是当时中国最为活跃、最有影响力的在华外国企业之一。在1949年新中国成立以后，由于政治原因通用电气退出了中国市场。一直到1979年，通用电气又与中国重建贸易关系。当时，我国政府对于外资的进入持谨慎态度，通用电气进入中国市场的条件是必须与中国当地企业进行合作，而合作的对象则完全由政府安排，政府在中间充当了媒人的角色。而如此政府包办的"婚姻"自然给通用电气带来了"成家"的烦恼。

20世纪90年代的中国，正是工业吸引外资的高峰期，但由于人们普遍没有环保意识，只是一味地追求经济的发展，导致我国很多企业在环境保护方面的做法"令人发指"，也致使工业污染事故频发。此外，国内的工业化状态以及能源利用率低、系统不完善等问题也加剧了污染治理的难度。在接下来的时间里，国家逐渐意识到污染的严重性，也制定了大量有关环境保护的法律法规。然而，这些法律法规在当时的执行过程中多数成了一纸空文。长期以来，尽管人们对有关环保意义的论述与宣传已经耳熟能详，各级官员也在种种场合上强调环保的重要性，但是有关部门往往是说一套、做一套。一个地方的经济发展情况是当地官员政绩考核的核心，他们为了自己的政绩往往会牺牲环境来换取经济的发展。与GDP等经济增长的硬指标比起来，环保法规的威力似乎远不足以打消某些官员追逐政绩的热情。在一些严重污染环境或埋下生态环境破坏隐患的建设项目中，"长官意志"盖过了环保法规的声音。有些地方想方设法打法律的擦边球，"先上车，后买票"，即使造成损失，最后也由国家"埋单"。在一些地方，环保部门及环保法律法规不过是"稻草人"、"橡皮图章"和"软柿子"，并没有多少人把其当成一回事。

在这种环境之下，通用电气在美国建立起来的良好的绿色体系显得弥足珍贵，同时又显得与大环境格格不入。尤其是与通用电气合作的中国当地供应商，他们并不理解通用电气如此"高端"的环保标准和做法,更不会完全接纳和采用通用电气的这一套标准。在这种情况下,通用电气并没有放弃自己之前建立起来的绿色环保体系,没有把中国作为一个肆意污染的庇护所,而是坚守自身的标准。如同老黄牛一般默默地坚持着、耕耘着自己的 EHS 理念,并通过一步步的行动来扩大 EHS 在中国的影响。此外,针对中国供应商的环保技术、服务落后问题,通用电气选择自掏腰包,出钱、出人、出力来对中国当地供应商们进行不厌其烦的交流和系统的培训,和供应商一起一步步地建立起一套完善的环保评估系统(见本章附录),使他们最终达到通用电气要求的标准。

"绿色创想"是通用电气业务的主要发展方向,也是通用电气业务增长的动力来源。通用电气为此不断地增加在中国的研发投资,以促进自己的技术创新,为中国市场提供节能高效、清洁能源和水处理等领域先进环保技术。通用电气同时也在设想将"绿色创想"产品的生产转移到中国,加强为中国企业提供强有力的综合环保解决方案的能力。通用电气已经将"绿色创想"当作公司长远的发展战略。

此外,通用电气还加强同其他中国公司和中国政府的合作,以破冰者和领头羊的身份协助绿色市场在中国的建立。

总结:绿色创造价值,责任带来利润

通用电气近几年在中国实施的一系列富有企业社会责任的行为,为其实现了社会和企业价值的双丰收。"绿色创想"是目前通用电气商业增长新的核心因素。2008 年,通用电气"绿色创想"全球销售收入达到 170 亿美元。通用电气在中国实现了近 8 亿美元的"绿色创想"产品的销售收入,大约为 2008 年整个通用电气公司在中国销售收入的 17%①。

回顾通用电气的绿色发展之路,由于通用电气在美国忽视了环保的重要性,遭受到了极大的挫折,在痛定思痛后,通用电气建立了自己的 EHS 管理体系,将对于环境保护的社会责任融入自己的企业价值观、公司组织设置以及具体做法中。而当通用电气进入中国以后,面对的是中国严重的环境问题以及松散的环保法规约束。但是,通用电气仍然秉持着自己对环保的责任,以自身的力量来帮助其当地供应商建立 EHS 的管理模式和标准,普及环保的企业价值观念。

通用电气的做法也许会让人想起白求恩:"一个外国人,不远万里来到中国"。当然,通用电气帮助中国推进环保标准的行为不是出自一种国际主义的牺牲精神,从商业角度来看,这种大智若愚其实是一种远见卓识的战略考量。有些人在满怀骄傲地回顾历史,有些人则更愿意展望未来。这家由伟大发明家爱迪生所成立的、跨越了人类历史几个世纪的公司,在它饱经沧桑的成长道路上早已经认识到:不能只看到当下,更应当把目光投向未来广阔的市场。而案例故事的结尾也用实实在在的盈利数据告诉我们,通用电气的绿色道路走对了!

以此为镜,我国的很多企业随着自身的发展往往会忽视自己的环保责任,甚至在当地政府的包庇下,为了利益可以肆无忌惮地破坏环境。以他人和后代子孙生存环境的恶化为代价换取金钱利益的做法是不可能持续发展的。另外,随着中国法制的不断健全和社会大

---

① 资料来源:《通用电气联手 ISC 中国开学堂,培养高素质供应商》,网易财经,http://money.163.com/09/0511/18/5926FBC600253CER_2.html,最后浏览日期:2012 年 12 月 25 日。

众环保意识的觉醒,这些行为终究会被社会所追责。与其在社会良知的谴责下为了利益"铤而走险",何不去将企业的经营活动与环保等社会企业责任结合,去追求"绿金"呢?

附　录

一、通用电气中国的决策过程

通用电气在中国有着一套细致严谨的决策程序。在进行一个商业项目之前,通用电气的CEP团队会按照程序对它进行调查与评估。

当一个方案提出以后,提出者就会提前告知CEP的执行团队,这个方案的预计方向、合资的公司以及将来所打算成立的机构、要做什么产品等。

此外,CEP团队在一个项目开始之前,会在评估之中用到环境健康重评估(environmental health reassessment)和生态健康重评估(ecological health reassessment),并通过一个模型,计算出项目的潜力。凭借这个结果,才能评估这个项目到底是否可行。

这样的步骤大致要分为几步。第一步是定性化的阶段,先要对现场进行一个初步大致的定性分析。第二步是一个量化的过程,根据第一步得到的信息,根据一定规则来采集样本,收集数据再根据模型来解决问题。当第二步的调查得出一个量化的数字后,评估者会给出调查意见或者是做额外的调查。此时,CEP拥有决策权,他们会回到公司重新审核决定。等到调查结果全部出来,全部的风险评估随之形成。在正式签署合同之前一定程度的风险是允许存在的,如何将这些风险放在合同里面进行规避或者管理也是一个很重要的问题。在以后的工作中,一个小的风险也有可能被扩大。所以,把风险写入合同也是非常重要的工作。

二、通用电气与供应商的共同成长

长期以来通用电气一直对发展中国家的供应商进行评估和调研。作为评估程序的一个步骤,通用电气进行了一项详细的调查,试图发现为何部分供应商会重复出现同样的问题。调查结果发现那些设立了有效EHS机制或者拥有EHS专业人员的供应商都取得了长足的进步,并且大大降低了重复犯错的概率,调查还发现本地供应商面临的普遍挑战就是缺乏高素质的EHS专业人员来执行环境管理系统。

根据通用电气的经验,国内企业在环境、健康和安全方面的实施情况不尽相同。有些供应商采用先进的EHS管理体系,成果显著。然而也有许多供应商缺乏对需求的基本认识,实施情况不甚理想。因此,通用电气决定与可持续发展社区协会(ISC)合作成立 EHS 学院以应对这种普遍需求,为中国本地的、尤其是中小型规模的供应商提供 EHS 管理的培训机会。通用电气希望 EHS 学院的设立能够为供应商培养更多的 EHS 专业人才,帮助本地供应商共同成长。

通用电气对环保法律法规是十分敏感的,如果其供应商在经营活动中做出违反环保法规的行为,通用电气的声誉必将受到损失。通用电气支持设立 EHS 学院的原因之一就是该项目能够使学员充分理解和掌握近十年来中国实施条例的适用范围,并将它们应用到生产工作的实践中。

此外,从健康和安全的角度来看,对风险的过分容忍和对成本不恰当的过分关注导致人们更倾向于走捷径。EHS 学院的挑战之一就是如何给学员以恰当的工具,来帮助他们影响各自企业的领导者,使他们理解好的安全措施等同于好的业务。

从 2006 年开始,通用电气和中国疾控中心举办一系列的工业卫生和安全的培训项目,为此通用电气基金会提供了 45 万美元的资助。通用电气还邀请供应商到通用电气的生产基地进行观摩,以帮助他们实地了解通用电气是如何在生产过程中严格遵守相关 EHS 法律法规的。在过去三年里,通用电气每半年组织一次供应商课堂培训,重点分享通用电气环境、健康和安全最佳实践。通用电气中国团队还制作了一套供应商辅助工具,列出了全国和各地合格的咨询机构和关于如何认识环境隐患的培训材料。通用电气还提供了制造企业中常见的环境、健康和安全案例,用来提高供应商对环境安全隐患的认识能力。

三、通用电气对于供应商的评估体系和供应链的管理

通用电气通过 EHS、劳务(包括工资和工时)、人权和安全等方面来评估供应商。通用电气在全球都采用同一套评估体系,但是也会根据各地不同的法律进行不同的调整。在其绿色供应链管理中,通用电气希望其供应商能遵守相关法律,如公平对待工人、提供安全和健康的工作环境,以及保护环境。供应商只有满足了这些条件,通用电气才会与之进行业务往来。

如果就推进绿色供应链管理而言,当通用电气开始进行通用电气供应商评估项目时,其对供应商质量的提升进度并没有一个非常准确的估计。随着经验的增多,通用电气已经调整了战略,更加强调改进计划和跟进项目。与当地供应商团队在合作中一起成长是通用电气很大的收获,但同时,通用电气也认识到要改变企业文化是一个缓慢的过程,需要付出相当长的时间和坚韧不拔的努力。

由于一个公司的声誉反映了它的行为,并且影响着投资者的信心。通用电气的责任就在于帮助供应商识别潜在的 EHS 管理风险和劳动用工方面的风险,

从而保护通用电气的声誉。

通用电气首先会对供应商进行审核,在每个审核阶段关注不同的问题,同时进行现场检查,并重点关注工厂的生产环境和工人的生活、生产条件①。如:

- 雇员是否符合国家对最低年龄限制?
- 雇员能否自愿来上班,并能自由离开工厂?
- 工厂内部环境是否安全?
- 工厂车间内部是否有可见的有害物、化学烟雾?
- 是否所有工作场所都备有相关的急救措施?
- 该公司的员工都符合国家对最低工资的要求吗?
- 对所有的加班,公司都按法定要求支付员工加班工资了吗?

通用电气会根据审核中发现问题的严重程度给供应商提出三种程度的警告——"停止"、"红旗"、"黄旗"。如受到"停止"警告的供应商,通用电气就会停止与其的合作。对收到"红旗"警告的供应商,通用电气会要求它们在60天以内解决问题,否则供应商就会失去合作的资格;对收到"黄旗"警告的供应商,通用电气要求所发现问题中的90%应在60天以内整改完毕。

对通过审核的供应商,通用电气还会向它们提供技术、管理等方面的支持来帮助工厂中EHC的建立。例如:

- 帮助制订公司的EHS战略;
- 建立EHS期望和绩效评估程序;
- 制订危害分析和遵守法规计划;
- 提供EHS专员;
- 制订难事故调查和跟踪计划;
- 制订EHS培训计划。

---

① 资料来源:参考自《中国供应商EHS指南》,http://wenku.baidu.com/view/a6826316 55270722192ef78c.html,第16—18页,最后浏览日期:2013年8月25日。

结语　未来之路

结语 未来之路

天下熙熙,皆为利来;天下攘攘,皆为利往。商人和企业家辛苦经营公司绝不是为了争做现代社会的"活雷锋",他们的最终目的还是为了盈利。本书的开始章节已经呈现了诺贝尔经济学奖获得者米尔顿·弗里德曼对企业责任的传统定义:企业的责任就是使利润最大化。

在经过了产业界和学界之间无数次的思考辩论之后,在西方资本主义世界经历了2008年金融危机之后,在西方的老牌企业饱尝了一次次社会责任缺失而带来的苦果之后,20世纪70年代对企业社会责任的定义在现在的西方国家已经失去了统治地位。然而,就目前的中国来说,仍然有很多企业家甚至是学者将弗里德曼关于企业社会责任的理论奉为企业经营的行动指南,甚至坚信企业社会责任是企业发展的负担。毕竟,谈权利人人热衷,谈责任回应者寥寥。人本性如此,而且中国企业发展的历史还较短,中国一些企业经营者和学者坚定地把企业盈利和企业社会责任对立起来,逐利的心态和短视的目光使两者之间形成一条不可逾越的鸿沟。

近些年来,中国社会各界对于企业履行社会责任的呼声不断,一方面反映了中国企业严重缺失社会责任感、置最基本的商业道德于不顾、为了盈利往往不择手段的现状;另一方面也反映了中国消费者和各个利益相关方对问题的容忍度也越来越小、不满情绪越积越多。食品安全问题、矿难事故、劳工待遇问题、严重的环境污染等,这一系列问题的曝光也令国家越来越重视并极力倡导科学发展、构建和谐社会、可持续发展。

其实,可持续发展的本质就是企业要将社会责任的目标融入企业的长期发展战略中,为公司和社会创造"双赢"。

200多年的企业管理史告诉我们,随着对"人"的认识从"经济人"、"社会人"、"复合人"到"自我价值实现人"的不断深化,企业管理经历了经验管理、科学管理、行为管理等阶段,已发展到文化管理阶段,"以人为本"的管理理念已成为潮流。企业社会责任正是这一潮流的体现,"以人为本"的管理理念和制度无疑是未来企业健康发展的方向。

与此同时,尽管社会对企业的期望越来越高,但是我们必须强调,企业的社会责任不是可以无限扩展的,而是有限度的。彼得·德鲁克(Peter Drucker)在他的《管理——任务、责任、实践》中专门写了一章"社会责任的限度"。他认为对于一个企业家来说,仅仅做得好还是不够的,还必须做好事。然而,为了做好事,首先必须做好企业。他认为只要一个企业忽略了在经济上取得成就的限制并忽视承担社会责任时,企业很快就会陷入困境。如果因此而损失了企业取得成就的能力,那就是最不负责任的。企业最基本的社会责任就是把企业做好,这是企业履行其他社会责任的前提和载体。与此同时,企业的社会责任也不能无限扩张,虽然企业的责任会随着能力的增长而增长,但是也不能把本该属于政府部门的责任推给企业。

政府角色

目前,中国企业社会责任的缺失除了企业自身的原因,政府管理部门也难辞其咎。虽然国家积极倡导并制定企业社会责任相关的法律法规,但是很多地方政府对企业守法行为和应承担的社会责任并没有严格要求或缺乏强有力的监督。究其原因,首先是部分政府官员对企业社会责任问题的利害关系了解甚少,或者根本不了解,更谈不上清醒的认识和有效的监督。其次,地方政府片面注重企业的利润和税收,并以此作为衡量当地经济发展和政绩的唯一标准。在这样的"经济发展是第一要务"背景下,造成了种种发展不均衡、不合理的问题。

如果国家的目的在于推动企业社会责任和创新,那么在评价企业时,不能再像以往那样单纯只看利润、规模,还应推出并执行一系列优惠措施对积极履行社会责任的企业提供各种物质鼓励与非物质鼓励,促使企业自愿、全面践行社会责任。

从现状寻找解决方案:看长远,做"好"企业

《哈佛商业评论》的一篇文章讲了如下这样一个故事。

美国新罕布什尔州的一个小伙子布兰登去医院看望他病重的奶奶,奶奶告诉孙子医院提供的食物做得令人难以下咽,她今天特别想吃一碗美味的海鲜杂烩汤,并且是她之前经常选用的帕尼罗面包公司(Panera Bread)出售的海鲜杂烩汤。但问题是帕尼罗面包公司只有在每周五才售卖这个产品。为了满足奶奶的愿望,布兰登抱着试一试的心态给距离医院不远的帕尼罗面包商店打了一个电话,并把奶奶的愿望告诉了店面经理苏姗娜。出人意料的是,接到电话的苏姗娜和团队员工专门为布兰登的奶奶制作了一份海鲜杂烩汤,并把这份特殊的产品和一份奇趣饼干作为礼物赠送给布兰登和他的奶奶①。

这个看似不起眼的小小善举,在以前往往不会被更多人知道,

---

① 资料来源:"It's More Important to Be Kind than Clever",http://blogs.hbs.org/talor/2012/08/its_more_important_to_be_kind.html,最后浏览日期:2013年8月22日。

但是深受感动的年轻人布兰登把他的经历发到了他的脸谱网（facebook）页面，而通过脸谱上的朋友们的口口相传和网络传播，这则有关善良的小故事吸引了 500 000 多条的"赞誉"和超过 22 000 条的评论。帕尼罗面包公司通过自己的一次关怀在网络上被广泛传播和关注，也收获了通过传统广告难以获得的真实的客户喜爱和欣赏。

海鲜杂烩汤的故事说明：在这个重视竞争和盈利的现代商业社会中，有社会责任感的企业举动和人文关怀正如冰冷冬日的一线阳光，不仅仅温暖了消费者，也会帮助企业建立与消费者的一个情感联系。也许这样的举动和关怀只是公司的一个很小的举动，但是在网络社会的今天，这样的一个"善"的信号会被快速传播，产生意想不到的巨大影响，并从更深刻的层面帮助企业品牌的成长。

在市场经济中，当"经济人"在处处算计、苦苦争夺个人利益的时候，他们往往忽视了这样一个道理：做一个好人，往往比做一个聪明人更重要；同样，在企业看重短期盈利和着眼于市场份额的时候，他们也总是忽视：做一个有爱心、有责任感的企业往往比单纯追求盈利能力的企业更具有社会影响力和号召力。

"好"的定义也仿佛在发生着变化：社会公众对于"好"企业的期望会随着社会经济发展也越来越高；企业要做"好"，社会责任感已经成为未来中国企业不得不考虑的问题。

通过与发达国家企业的比较，中国企业管理者和社会政策制定者应当实事求是地、全面地看待我国企业的社会责任的现实状况。发达国家的经验是当社会发展到一定阶段以后，当社会大众的教育程度和经济发展水平到达一定程度之后，企业才更有意识地、更多地担负起自己的社会责任。而中国企业在经历了较短的发展过程以后，就碰到了必须担负起企业社会责任的问题。用发达国家制定的企业社会责任标准来要求目前中国的企业,似乎是给中国企业的发展竖立了很高的"责任壁垒"。因此,相对发达国家,中国企业明显处于不平等的地位。当然,我们并不是说中国企业就因此不应当承担社会责任,相反,由于形势所迫,中国企业必须用中国人的智慧、勇气和毅力面对挑战,承担起自己的社会责任。

把握绿海商机,建立基业长青

作为本书的作者,我们真切希望能够和中国企业家站在一起,思考如何为了既能承担企业的社会责任,又能促进企业发展。他山之石,可以攻玉。通过此书中案例故事的呈现,我们希望中国企业在承担社会责任时可以把握好以下两点。

第一,企业的生存是第一要务,但是生存和竞争都必须牢牢把握企业最基本的社会责任和道德底线。

我们赞同企业的首要责任是盈利和发展。与此同时,企业在承担社会责任时,要预防走向另外一个极端:过分地追求社会声誉,甚至好大喜功,承担了与自己的企业发展方向不协调、承载能力不协调的过多的社会责任。有必要再重复一下彼得·德鲁克的名言:"企业首先是做得好,然后是做好事"。

第二,承担社会责任并非消极的只是一种负担,只要把握和利用得好,完全可以转化为一种企业发展的机会与竞争力。

不少研究和实践证明,企业承担社会责任与企业的经济绩效呈正相关的关系,而不是完全像传统经济学理论所认为的会加重企业负担、影响其利益,企业完全可以将社会责任转化为实实在在的竞争优势。从前文所述的案例中,读者不难看出企业是如何将履行企社会责任与促进公司发展结合在一起的。

(1) 信义房屋的案例告诉我们,企业履行社会责任有利于树立企业形象、增强企业竞争力。

信义房屋在成立初期敢于追随信念和道德经营,并积极承担对员工和顾客的社会责任,虽在短期内增加经营成本,但无疑有利于企业自身良好形象和优质口碑的树立,形成企业的无形资产,进而形成企业的竞争优势,最终给企业带来长期的、潜在的利益,这在服务性的企业中体现得尤为明显。美国哈佛商学院教授莱恩·佩尼(Lynn Paine)认为,"一套建立在合理的伦理准则基础上的组织价值体系也是一种资产,它可以带来多种收益。这些收益表现在以下三个方面:组织功效、市场关系和社会地位。"[1]另外,信义房屋案例的启发在于,中国企业在履行社会责任时也应该因地制宜,找到基于中国文化,易于被中国员工和消费者接受认可的一套方式。一味地移植西方的条条框框和标准,反而会水土不服、引起反弹。

(2) 玫琳凯的故事说明,企业承担社会责任有利于推动优秀的企业文化建设。

在中国企业还在大力倡导"狼性文化"的同时,企业的"人性"也渐渐被管理者所淡忘。看似促进竞争意识的狼性文化,在人类社会的丛林法则中往往未能促进员工的竞争合作精神。但如果把公司文化看做公司员工积极性和企业社会责任之间的桥梁:一个积极向上、又不失强调互助互爱、强调给予的公司文化,不仅暗合了企业社会责任的价值理念,也真正激励了员工的积极性。玫琳凯的公司文化基于"爱",教导人们把"爱"和"信念"放在"盈利"之前。表面看起来不符合公司存在的意义,但是正是这种对于人性的认可和对于人

---

[1] Paine, L. S., "Does Ethics Pay?", *Business Ethics Quarterly*, 2000(1), pp.319–330.

的关怀,激发了人的创造力与工作的动力,从而促进了公司业务的快速发展。这也正如约翰·马凯所讲,他宣扬的企业社会责任的理念与其对手倡导追求最大利润的观点相比,会创造出更有活力的经营模式,因为他的观点比单纯鼓励人们追求私利更能释放和激发人们的积极性。人毕竟不是狼,狼的生存是为了吃肉,而对于人来讲,活着不仅仅是赚钱盈利,还有许多更高级别的追求。当企业真正懂了人的需求,并且主动把人的需求和企业发展相结合的时候,企业社会责任就不再是一个负担、一纸空谈,而是一种人心所向和行动指导,给企业发展注入了巨大的生命力。

(3) 朗诗绿色市场的成功探索案例告诉我们,企业履行社会责任有利于提高企业的市场开拓能力。

企业社会责任建设为企业原本的功利性价值观注入了非功利性价值的内容,企业从重"利"轻"义"的单一价值观向"义""利"并举的价值观念升华。毋庸置疑,朗诗绿色住宅产品得到了中国消费群体的认可,并不仅仅因为绿色住宅相比于传统住宅更有经济价值,而是它的绿色环保元素得到了消费者的认可。基于舒适、节能的特色,朗诗集团在中国竞争激烈的房地产市场杀出了一条新颖的绿色蓝海。另外,随着未来中国能源和环境压力越来越大,节能和环保型住宅必然会越来越受到中国消费者的欢迎,朗诗的绿色之路会越走越宽,也会有更多的房地产开发企业认识到环保的社会责任之重要性,继而加入这条绿色之路。

(4) 从红湾半岛和香港迪士尼案例中可以看到,企业社会责任是一把双刃剑:如果企业轻视了社会责任,将受到惩罚和来自社会的抗议;如果企业履行了社会责任,使企业、政府、社会之间形成良性互动,就可以为企业的可持续发展赢得良好的外部环境。

企业并非仅仅生存在孤立的市场竞争环境中,也与不同的利益相关方生存在共同的社会环境中。企业的经营活动是为了生存发展,与此同时,为了保护环境、保障生活质量、维持社会稳定和各项事业的发展,政府部门、社会团体、普通公众等利益相关方都会向企业提出种种行为限制,有时还附有严厉的惩罚性措施。企业若不能符合要求,便会受到指责或惩罚,比如香港红湾半岛工程对环境的影响,香港迪士尼对环境和员工的怠慢,这些不仅对其他利益相关方带来了负面影响,而且最终使企业正常的生产经营活动受到不同程度的干扰。

相反,企业若能主动适应要求,对环境和其他利益相关方负起责任,就会在一定程度上解除企业发展过程中的一些限制条件,使决策和经营具有更大的灵活性和自主性。因此,企业在经营决策时,需要仔细评估不同利益相关方的期望和要求。社会责任是企业利益和社会利益的统一,企业承担社会责任的行为其实是维护企业长远利益、符合社会发展要求的一种"互利"行为。这一行为对企业来说是付出,也是一种获取。

(5) 通用电气的案例说明,企业履行社会责任,能促进企业创新,实现经济增长方式的转型。

在竞争激烈的市场上,以牺牲产品质量安全、劳工利益或是社区利益为代价,仅仅依靠廉价获取的产品竞争力不能保证企业长期稳定的成长和持续发展。而对社会责任的关注将促使企业对产品、设计、流程、管理和制度等环节进行创新,促进其盈利方式和增长方式的转型,而不是靠一味地压榨员工或用假冒伪劣欺骗消费者来获取利润,取得发展。通用电气的实践证明,企业的持续发展最终仍然要依靠技术创新、管理创新和制度创新来实现。美国通用电气发布的2011年"绿色创想"年度报告指出自2005年以来,通用电气"绿色创想"产品销售与服务总收入超过了1 050亿美元。其中,仅2011年一年,公司就从"绿色创想"产品与服务中获得了210亿美元的收入。与此同时,2011年度公司研发投资超过了20亿美元,向"2010到2015年研发累计投资100亿美元"的预计目标稳步推进。通用电气"绿色创想"副总裁马克·瓦肯(Mark Vachon)表示:"在这个充满变化的世界里,全球人口数量不断增长,政府面临严峻的财政压力,'绿色创想'是一个发展方向。'绿色创想'所取得的成绩证明我们满足了客户最迫切的需求。无论国家、城市、企业和个人,'绿色创想'不仅提高了资源利用率和生产力,还带来了卓越的经济效益。"①

最后,本书再次呼吁政府尽快纠正认识和做法,不要以为比照着西方标准制定了法规和目标后就可以一劳永逸。政策落地在我国是一个长期和复杂的过程。一方面,政府有关部门必须认识到和谐社会不是一纸空谈,而是要通过均衡经济发展和社会发展,以及大量的协调引导和监督工作才能实现;另一方面,不能把本当属于政府职能范围内的事情推向企业,更不能把发展好的企业当作唐僧肉,最终吃跨企业。

"空谈误国,实干兴邦",这是我国新一届国家领导集体提出的治国理念,也是本书作者深刻认同的企业经营理念。在企业社会责任方面,我们认为:相互推诿是不负责任的态度,一味批判更不能解决问题。作为学者,我们不愿意躲在象牙塔里高谈理论、概念,用不切实际的呼吁隔靴搔痒,而是和我国企业站在一起,想企业之所想,急企业之所急。我们的责任更在于去了解、学习不同企业的做法,并通过此书的案例向读者展示这些经验。通过展示不同企业在"实地情境"中的企业社会责任操作经验,希望能够给企业管理者提供一些可

---

① 资料来源:《GE"绿色创想"创收达1 050亿美元》,http://money.163.com/12/0716/02/86GI05 OB 00253BOH.html,最后浏览日期:2013年8月22日。

供参考的做法和思考的新维度。

机遇和发展不是靠批评和呼吁就能形成的,而是靠所有有信念、有梦想、有担当、有远见的人们踏踏实实做出来的。与此同时,学界、政府和企业应该在推进社会责任发展和可持续发展方面形成合力。

在前行的道路上,我们不忘仰望星空,脚踩大地。

2013 年中秋夜

于中欧国际工商学院

复旦版中欧经管图书

1. 《要素品牌战略——B2B2C 的差异化竞争之道》　　定价:38.00 元
   〔美〕菲利普·科特勒、〔德〕瓦德马·弗沃德

2. 《赚多少才够——财富与幸福的哲学》　　定价:30.00 元
   〔澳〕艾伦·艾贝、〔澳〕安德鲁·福特

3. 《中国市场领导力——100 位经理人的实战告白》　定价:28.00 元
   李秀娟

4. 《中国 ShEO——"她时代"下的商界女性素描》　定价:35.00 元
   李秀娟

5. 《蓝色经济》　　定价:36.00 元
   〔比〕冈特·鲍利

6. 中欧商业评论精选集·人文卷——《人文沥金》　定价:26.00 元
   朱晓明、〔西〕佩德罗·雷诺

7. 中欧商业评论精选集·领导力卷——《领导范儿》　定价:26.00 元
   朱晓明、〔西〕佩德罗·雷诺

8. 中欧商业评论精选集·营销卷——《"赢"销导向》　定价:28.00 元
   朱晓明、〔西〕佩德罗·雷诺

9. 中欧商业评论精选集·案例卷——《拍"案"惊奇》　定价:30.00 元
   朱晓明、〔西〕佩德罗·雷诺

10. 中欧商业评论精选集·创新卷——《寻找"骇客"》　定价:30.00 元
    朱晓明、〔西〕佩德罗·雷诺

11. 《都市行者——穿越人生的线路图》　　定价:28.00 元
    〔比〕白瑞夫

12. 《绿海商机——化社会责任为竞争力》　　定价:30.00 元
    蔡舒恒、刘书博

图书在版编目(CIP)数据

绿海商机——化社会责任为竞争力/蔡舒恒,刘书博著.—上海:复旦大学出版社,
2013.10(2019.10 重印)
(中欧经管图书)
ISBN 978-7-309-10079-2

Ⅰ.绿… Ⅱ.①蔡…②刘… Ⅲ.企业责任-社会责任-研究 Ⅳ.F270

中国版本图书馆 CIP 数据核字(2013)第 225999 号

绿海商机——化社会责任为竞争力
蔡舒恒 刘书博 著
责任编辑/孙程姣

复旦大学出版社有限公司出版发行
上海市国权路 579 号 邮编:200433
网址:fupnet@fudanpress.com http://www.fudanpress.com
门市零售:86-21-65642857 团体订购:86-21-65118853
外埠邮购:86-21-65109143 出版部电话:86-21-65642845
常熟市华顺印刷有限公司

开本 787×1092 1/16 印张 12.25 字数 140 千
2019 年 10 月第 1 版第 7 次印刷

ISBN 978-7-309-10079-2/F·1971
定价:30.00 元

如有印装质量问题,请向复旦大学出版社有限公司出版部调换。
版权所有 侵权必究